郑氏规范

郑强胜　注评

中州古籍出版社
·郑州·

图书在版编目（CIP）数据

郑氏规范 / 郑强胜注评. —郑州：中州古籍出版社，2016.1
ISBN 978-7-5348-5722-5

Ⅰ.①郑… Ⅱ.①郑… Ⅲ.①氏族谱系－研究－浦江县－古代 Ⅳ.①K820.9

中国版本图书馆CIP数据核字(2015)第262933号

出版社：中州古籍出版社
（地址：郑州市经五路66号　邮政编码：450002）
发行单位：新华书店
承印单位：郑州市毛庄印刷厂
开本：640mm×960mm　1/16
印张：9.75
印数：1-3000册
版次：2016年1月第1版
印次：2016年1月第1次印刷

定价：20.00元
本书如有印装质量问题，由承印厂负责调换。

前言

浦江郑氏家族自南宋建炎（1127～1130）初年至明天顺三年（1459），累世同居15代，凡330余年。其事迹在《宋史》《元史》《明史》中都被载入其《孝义传》。元至正四年（1344），郑氏家族首次被旌表为"孝义门"，后又多次受到元、明朝廷的嘉奖。明洪武十八年（1385），明太祖朱元璋赐封其为"江南第一家"，时称"义门郑氏"，又名"郑义门"。凭借好学的风尚和孝义的名声，从宋、元到明、清，"郑义门"约有173人为官，尤其是明代，出仕者达47人，官位最高者位居礼部尚书。令人惊叹的是，郑氏子孙中，竟没有一人因贪墨而罢官。

浦江郑氏累世同居，维持这个庞大家族存续几百年的原因有很多，其中《郑氏规范》是核心，它是维持这个家族生存的精神支柱和家法依据。《郑氏规范》内容详备，凡168则，历经三世修订、增补而成。作为中国封建社会大家族家法规范的杰出代表，《郑氏规范》反映了宋、元、明时期家训文化的整体风貌，有着极高的研究价值，于今看来，许多内容仍有借鉴意义。

《郑氏规范》核心意旨主要有三个方面，即敬祖、尊长、孝道，修身、齐家、治业，重义、倡廉、戒奢、行善。

一、敬祖、尊长、孝道

中国封建社会是典型的宗法社会，在讲求"敬天法祖"的同时，强调长幼尊卑的等级秩序，尊崇典型的儒家伦理哲学。浦江郑氏作为尊崇儒家伦理文化的典范，其家训中敬祖尊长、强调伦常秩序的内容十分丰富，其核心是厚人伦、崇尚孝顺、兄弟恭让、勤劳俭朴的持家原则。

祠堂是祭祀祖先或先贤的场所。除了"崇宗祀祖"外，子孙举办婚、丧、寿、喜等事，也多在祠堂举行。祠堂有时是商议族内重要事务的场所，类同官府衙门。祠堂也是族长行使族权的地方，凡族人违反族规，就要在这里被教育和受到处理，直至被驱逐出宗祠，因此可以说祠堂是封建道德的法庭。祠堂也是家族的社交场所。有的宗祠附设学校，族人子弟在此受教育。正因为这样，祠堂建筑一般都比民宅规模大、质量好，越有权势和财势的家族，其祠堂越为讲究，高大的厅堂、精致的雕饰、上等的用材，使得祠堂成为这个家族光宗耀祖的一种象征。

浦江郑氏在祭祀祖先和祠堂管理方面，有着详细的规定："立祠堂一所，以奉先世神主。出入必告正，至朔望必参，俗节必荐时物。四时祭祀，其仪式并遵《文公家礼》。然各用仲月望日行事，事毕更行会拜之礼。""祭祀务在孝敬，以尽报本之诚。其或行礼不恭，离席自便，与夫跛倚、欠伸、哕噫、嚏咳，一切失容之事，督过议罚。督过不言，众则罚之。""拨常稔之田一百五十亩，别蓄其租，专充祭祀之费。其田券印

'义门郑氏祭田'六字。""祠堂所以报本，宗子当严洒扫、扃钥之事，所有祭器服不许他用。"浦江郑氏聚族而居330余年，随着时间的推移，族众之间的血缘关系逐渐淡薄，聚族而居的生活方式必然面临巨大的威胁。如何找到一条能够长久维系宗族凝聚力的纽带？祭祀祖先是最好的手段，而《郑氏规范》涉及祖先祭祀的日期、物品、仪式、纪律、经费等方面的内容。祠堂作为行祭祀之礼的神圣场所，神圣性是其主要特征，对祭祀之礼规范得越详尽，族人的畏惧感就越强，祠堂就像神圣的法庭，无形中制约着族人的言行举止，使族人自觉不自觉地按照家族规范来约束自己，族人的凝聚力由此形成。

在尊敬长辈方面，浦江郑氏有严格的规定，家族最高领导人是家长，也就是族长，选举家长有一定的规定："家长专以至公无私为本，不得徇偏。如其有失，举家随而谏之，然必起敬起孝，无妨和气。"对家族的长辈，《规范》也有规定："男女六十者，礼宜异膳。旧管尽心奉养，务在合宜。违者罚之。""子孙之于尊长，咸以正称，不许假名易姓。""子孙受长上诃责，不论是非，但当俯首默受，毋得分理。"孝敬尊长，就必须确保尊长的绝对权威，只有这样，家长的命令才会得到迅速有效地执行，家族机构才能合理运转。但家长的权威也并非不可非议，"家长专以至公无私为本，不得徇偏。如其有失，举家随而谏之……若其不能任事，次者佐之。"家长确立权威的前提是要公正无私、行事合理，这或多或少也体现了浦江郑氏在家族管理方面的民主意味。这种选举领导的做法，对今天也有一定的借鉴意义，即在赋予领导权力的同时，必须有相应的任职条件以及监督机制，否则，就易使领导走向独断专行、无法无天的道路。

今天许多领导之所以以权谋私、权钱交易，走向腐化堕落，就是没有在权力和操守、权力和监督方面摆正关系。

二、修身、齐家、治业

浦江郑氏作为一个大家族，人口众多，事务庞杂，为了保持家族和睦相处，须有一套行之有效的治家规定。《郑氏规范》规定："立家之道，不可过刚，不可过柔，须适厥中。""选老成有知虑者，通掌门户之事。""择端严公明、可以服众者一人，监视诸事。有善公言之，有不善亦公言之。如或知而不言与言而非实，众告祠堂，鸣鼓声罪而易置之。""立《劝惩簿》，令监视掌之。月书功过，以为善善恶恶之戒。有沮之者，以不孝论。"由此可见，浦江郑氏对于修身齐家有一整套系统完备的规范。

首先，规定了治家的基本原则：刚柔相济。其次，对于治家者、监督者的身份品行、族规惩戒有具体措施。浦江郑氏能维持十余世同族而居，正是得益于对家族事务的有效管理。再好的规定没有人执行不行，执行力不够也不行。详阅《郑氏规范》，对于各种破坏家规的惩戒最为引人注目，在《郑氏规范》中，出现了许多令人不舒服的字眼，如"议罚""罚""以不孝论""罚跪""棰""声罪""责""挞"等。这些家族处罚，有些属于道德层面，让犯错的族人受到家族处罚，脸面无光，人格上被羞辱，使之在人前抬不起头，不敢轻易犯错；有些则属于肉体惩罚，违规者不仅精神受辱，身体受罚，甚至形同罪犯，于家法国法不容。浦江郑氏能存续几百年，道德层面的教育固然重要，家族严格管理也不容忽视。家法能够贯彻下去，则是家族管理的根本，人不惧法，则会无法无天。即使在今天看来，对于一些不良行为，仅仅依靠道德层面的教育远远不够，必须严格执法，依法治家、依法治国是扭转社会风气的重要途径。

三、重义、倡廉、戒奢、行善

浦江郑氏之所以被称为"郑氏义门"，是因为其家族有着强烈的重义传统，《郑氏规范》有言："吾家既以孝义表门，所习所行，无非积善之事。子孙皆当体此……违者以不孝论。"重义主要表现在，一是对族人重义，二是对乡里重义。对族人重义，有："宗人实共一气所生，彼病则吾病，彼辱则吾辱，理势然也。子孙当委曲庇覆，勿使失所。""为人之道，舍教其何以先？当营义方一区，以教宗族之子弟，免其束脩。""宗族之无所归者，量拨房屋以居之。……无地者听埋义冢之中。""宗人无子，实坠厥祀，堂择亲近者，为继立之，更少资之。""宗人若寒，深当悯恻。其果无衾与絮者，子孙当量力而资助之。""祖父所建义祠，盖奉宗族之无后者。立春祀先祖毕，当令子孙设馔祭之，更为修理，毋致隳坏。"

"义重桑梓"是浦江郑氏重义的另一个表现，行善积德是主要表现。《郑氏规范》有言："田租既有定额，子孙不得别增数目。所有逋租，亦不可起息，以重困里党之人。"对于困厄之中的乡邻，郑氏也是多有照顾，"立义冢一所。乡邻死亡委无子孙者，与给椿椟埋之；其鳏寡孤独，果无以自存者，时赒给之。""里党或有缺食，裁量出谷借之，后催元谷归还，勿收其息。""展药市一区，收贮药材。邻族疾病，其证章章可验，如疟痢痈疖之类，施药与之。"

"成由勤俭败由奢",戒奢是浦江郑氏防止家业衰败的一个重要措施。《郑氏规范》规定:"凡遇忌辰,孝子当用素衣致祭。不作佛事,象钱寓马亦并绝之。""至于作冢制度,已有《家礼》可法,不必过奢。"除丧礼外,戒奢还涉及婚礼及平常用度等方面,"子孙以理财为务者,若沉迷酒色、妄肆费用,以致亏陷,家长核实罪之……""娶妇须以嗣亲为重,不得享宾,不得用乐,违者罚之。""家业之成,难如登天,当以俭素是绳是准。惟酒器用外,子孙不得别造,以败我家风。"

浦江《郑氏规范》是中国传统族规家法中的典范之作,在强调依法治国、清正廉洁、反腐戒贪的今天,浦江《郑氏规范》再一次进入人们的视野,最重要的原因是想从中挖掘出"廉政文化"的精髓,古为今用。

《郑氏规范》毕竟是封建时代的产物,尽管其中有很多于今仍可借鉴的营养成分,但是很多内容还是建立在专制制度基础上的伦理条规,这些条文显然不合时宜,甚至是对法治社会的一个反动,但就当时的社会条件而言,《郑氏规范》无疑对家庭和睦、乡里教化和社会稳定起到了非常大的促进作用。其中的有益成分,例如其"诚实守信""公平正义""互敬互爱""乐善好施""戒贪戒腐"等治家思想仍是值得我们借鉴与学习的。

中州古籍出版社重新点校出版《郑氏规范》,为方便读者了解《郑氏规范》,在重新点校时以《学海类编》所录原文为底本,参考其他文献收录的原文。每条分原文、注释、译文、评论四部分。因时间仓促,加之水平有限,错误难免,乞请读者批评指正。

郑氏规范

1. 立祠堂一所①，以奉先世神主②。出入必告正，至朔望必参③，俗节必荐时物④。四时祭祀，其仪式并遵《文公家礼》⑤。然各用仲月望日行事⑥，事毕更行会拜之礼。

[注释]

①祠堂：中国古代汉族祭祀家族祖先之所，称家庙。南宋朱熹立祠堂之制，家庙改称祠堂。

②先世神主：供奉历代祖先的木制牌位。

③朔望：农历每月初一谓朔，每月十五日谓望。

④俗节：民间传统节日，如春节、清明、端午等。时物：时令物品。

⑤《文公家礼》：朱熹所著治家规范。朱熹，字元晦，又字仲晦，号晦庵，晚称晦翁，谥文，世称朱文公，南宋哲学家、教育家、理学集大成者。

⑥仲月：四季每季的第二个月，即农历的二月、五月、八月、十一月。

[译文]

修建祠堂一座，用来供奉历代祖先神位。家族有重大活动必入祠堂禀告祖先，每月初一、十五必到祠堂祭拜祖先，每逢传统节日亦必须供奉新鲜蔬果。一年四季都要祭祀祖先，祭祀仪式遵照《文公家礼》所规定的程序和规范。祭祀仪式的时间一般选在仲月望日，即农历二月十五日、五月十五日、八月十五日和十一月十五日这几日，祭祀仪式结束后，族人再举行会拜之礼。

[评论]

祭祀是华夏礼典文化很重要的一个部分，在传统儒家礼仪文化中，祭礼最重要，被看作是事神致福。古代祭祀对象分为天神、地祇和人鬼。天神、地祇由最高统治者祭祀，一般士庶之家仅祭祀自己的祖先。祭祀的目的不过敬神、求神和祭拜祖先，"上事天，下事地，尊先祖而隆君师，是礼之三本也"。祭祀祖先除了缅怀祖先恩德，具有感恩的意味外，再者就是继承祖先的优良传统，使家族门风发扬光大。旧时祭祀多在祠堂举行，不仅仅是缅怀祖先，也是家族成员凝聚、团结的重要手段。

2. 时祭之外，不得妄祀邀福①。凡遇忌辰②，孝子当用素衣致祭③。不作佛事④，象钱寓马亦并绝之⑤。是日不得饮酒、食肉、听乐，夜则出宿于外。

[注释]

①妄祀邀福：意为祭祀祖先目的不纯，为的是求福纳吉。妄，虚妄、不实；邀，招致、要求。

②忌辰：祖先或者父母去世之日。

③素衣：白色的、无涂饰的衣服。

④佛事：由僧人主持的祭祀活动。

⑤象钱寓马：民间祭奠时所用的冥钱、纸人、纸马一类的物品，以备先人在阴间使用。

[译文]

除四季祭祀之外，不得随意祭祀贪求福贵吉祥。凡是遇到先人忌日，孝子必须身着素衣祭祀，不许邀请僧人做佛事，不得在祭祀时使用冥钱、纸人、纸马一类的物品。祭祀日不得饮酒、吃肉、看戏听乐，晚上必须宿于祠堂外面。

[评论]

祭祀祖先和父母，原本是感念先人的恩德和思念先人，掺杂太多的杂念和过度浪费，既是对先人的不敬，也是背离了祭祀的初衷，《郑氏规范》对此提出明确的条规，值得我们学习和继承。

3. 祠堂所以报本①,宗子当严洒扫、扃钥之事②,所有祭器服不许他用③。

[注释]

①报本:此为"报本反始"简称,意即受恩思报,不忘根本。《礼记·郊特牲》:"唯为社,丘乘共粢盛,所以报本反始也。"报,报答;本,根源。

②宗子:家族的嫡长子。《礼记·大传》:"别子为祖,继别为宗。"汉郑玄注:"别子谓公子若始来在此国者,后世以为祖也。别子之世适也,族人尊之,谓之大宗,是宗子也。"清刘大櫆《方氏支祠碑记》:"封建废而大宗之法不行,则小宗亦无据依而起,于是宗子遂易为族长。"洒扫、扃钥之事:意即打扫祠堂、掌管祠堂门户钥匙之事。洒扫,打扫;扃钥,祠堂大门钥匙。

③祭器服:祭祀用的器物、礼服。

[译文]

祠堂是缅怀祖先恩德、追根寻源的地方,宗子(族长)必须严格管理诸如打扫卫生、掌管祠堂门户钥匙等事项,所有祭祀用的器物、礼服等不许作为他用。

[评论]

祠堂是家族活动的重要场所,是庄重肃穆的地方,由族长严格管理,只有严格管理，才能显示祠堂的威严。祠堂是族人心中的圣地，更是凝聚族人向心力的圣地。培育族人维护公共财产的意识，是值得肯定的。

4. 祭祀务在孝敬，以尽报本之诚。其或行礼不恭①，离席自便②，与夫跛倚③、欠伸、哕噫④、嚏咳⑤，一切失容之事，督过议罚⑥。督过不言，众则罚之。

[注释]

①行礼不恭：祭祀行礼不严肃，违背礼仪规范。

②离席自便：祭祀时随便离席，不守规矩。

③跛（bǒ）倚：偏倚，站不正。《礼记·礼器》："有司跛倚以临祭，其为不敬大矣。"

④哕噫（yuě yī）：打嗝儿。《礼记·内则》："在父母舅姑之所……进退周旋慎齐，升降出入揖游，不敢哕噫、嚏咳、欠伸、跛倚、睇视。"

⑤嚏咳：打喷嚏、咳嗽。

⑥督过：祠堂执事之一，负责监督族人过错。

[译文]

祭祀必须出自内心的孝顺敬意，以此表达报答祖先恩德的虔诚之心。在祭祀期间，如果有人行为不严肃，离开坐席随便走动，以及有站姿不端、打哈欠、伸懒腰、打嗝儿、咳嗽、打喷嚏等有失仪表的行为，督过出面提出处罚。如果督过不说,由众人商议处罚。

[评论]

  文明的养成,除自省、自觉外,还必须有相关的条律加以制衡,没有规矩不成方圆,此为《郑氏规范》留给我们的遗产。

5. 拨常稔之田一百五十亩①,世远逐增②,别蓄其租,专充祭祀之费。其田券印"义门郑氏祭田"六字③,字号步亩④,亦当勒石祠堂之左⑤,俾子孙永远保守⑥。有言质鬻者⑦,以不孝论。

[注释]

  ①常稔（rěn）：每年谷物成熟。稔,谷物成熟。《说文解字》："稔,谷孰也。"

  ②世远：世代,言家族人口增加。

  ③田券：即田契。《宋史·孝义传·侯可》："富人有不占田籍而质人田券至万亩,岁责其租。"

  ④字号：名号,祭田名称。步亩：田亩,《汉书·食货志》有"六尺为步,步百为亩"。

  ⑤勒：刻。

  ⑥俾：使,让。

  ⑦质鬻（yù）：质,抵押;鬻,卖。

[译文]

　　划拨每年常熟良田一百五十亩（数量可随着家族繁衍逐年增加），将其租谷另行储藏，专门用作祭祀的费用。祭田田契上印有"义门郑氏祭田"六个字，并将祭田的名称、田亩数量刻于石碑上，立在祠堂大门左边，使子孙后代永远守护。如果有人胆敢提出抵押变卖，以不孝论处。

[评论]

　　义门郑氏，九世同囊，家法苛严，子孙世守，义田是维持家族烟火的经济基础，如果没有一定的经济作为后盾，所有的义理清规都是空谈。今人谈道德建设，也应有一定的经济褒奖。

6. 子孙入祠堂者，当正衣冠①，即如祖考在上②，不得嬉笑、对语、疾步③。晨昏皆当致恭而退。

[注释]

　　①正衣冠：正，整理；衣，服装；冠，帽子。
　　②祖考：祖先，已故的祖父。泛指父祖之辈。
　　③嬉笑：打闹。对语：谈话。疾步：快步。

[译文]

　　子孙进入祠堂，要衣冠端庄，诚如父祖之辈在上，不得打闹、喧哗、快步行走。早晚进出祠堂都应该恭恭敬敬。

[评论]

祠堂是供奉祖先的场所，作为后辈必须心怀敬意。在其他的公共场合，何尝不是如此？

7. 宗子上奉祖考，下壹宗族①。家长当极力教养②，若其不肖③，当遵横渠张子之说④，择次贤者易之⑤。

[注释]

①壹：统一，一致。

②家长：一家之主，一族之主。宋罗大经《鹤林玉露》卷五："陆象山家于抚州金溪，累世义居，一人最长者为家长，一家之事听命焉。"

③不肖：不成材，不正派。《礼记·射义》："发而不失正鹄者，其唯贤者乎？若夫不肖之人，则彼将安能以中。"

④横渠张子：张载，北宋哲学家，理学创始人之一。字子厚，大梁（今河南开封）人，徙家凤翔郿县（今陕西眉县）横渠镇，世称横渠先生，尊称张子。

⑤易：更换。

[译文]

宗子，即家族中的嫡长子，上要侍奉祖先，下要统合整个家族。家长必须竭尽所能教育培养宗子，如果宗子不成材，不符合作为宗子的要求，就要遵从张载的观点，另选择嫡长子下面的有贤能的人担任。

[评论]

　　宗法社会，嫡长子的地位牢不可破，在传统社会，长子长孙世袭着家族的特权，贤与不肖无关紧要。许多大家族中道衰败，与继承人的选择不无关系。《郑氏规范》没有囿于成说，敢于选择贤能的人而废弃嫡长子的成规，这不能不说是一种进步，于今家族企业犹能由此受益。

8. 诸处茔冢①，岁节及寒食、十月朔②，子孙须亲展省③，妇人不与。近茔竹树，不许剪拜④，各处庵宇⑤，更当葺治。至于作冢制度⑥，已有《家礼》可法，不必过奢。

[注释]

　　①茔冢（yíng zhǒng）：墓地。茔，墓地。《说文解字》："茔，墓也。"冢，坟墓。《说文解字》："冢，高坟也。"

　　②岁节：年节。寒食：寒食节，有上坟之俗。十月朔：十月初一。

　　③展省：察看，特指省视坟墓。宋李纲《经过邵武军乞往祖茔展省奏状》："邵武军系臣乡里，有祖茔，去城七里，久不展省。"

　　④剪拜：意即修剪墓地树枝、杂草。剪，修剪；拜，同"捭"，分开。

　　⑤庵宇：庵堂、庙宇。

　　⑥作冢制度：修筑坟墓的标准。

[译文]

各处家族坟墓，每到年节、寒食节、十月初一，子孙必须亲自去巡查（女性不得参与）。靠近坟墓的竹林、树木不得随意砍伐。家族各处的庵堂、庙宇更应当及时修葺。至于修筑坟墓的标准，可依照《文公家礼》规定的执行，不必过于奢华。

[评论]

年节、寒食节（或清明节）、十月初一，在中国是很重要的节日。祭祀祖先是传统节日中最重要的活动。这种传统流传数千年不变，是中国人怀念先人、感恩先人的方式，人要有感恩之心，不仅感恩先人，推而广之应该感恩所有对这个国家、民族、社会有过贡献的人。

9. 坟茔年远，其有平塌浅露者①，宗子当择洁土益之②，更立石深刻名字，勿致湮灭难考。

[注释]

①平塌浅露：塌陷暴露。

②洁土：干净的土。益：添加。

[译文]

坟墓年久失修，有的低陷、坍塌，甚至有的棺木裸露于外，宗子应该选择干净的沙土重新添加修整，重新立石碑，并刻上墓主名讳，以免时间久远难以考证。

[评论]

传统中国人讲究认祖归宗，葬于祖茔。在祭祀日时，坟茔是否修葺一新，也预示着这个家族是否还有后人，后人是否还记得先人。

10. 四月一日，系初迁之祖遂阳府君降生之朝①，宗子当奉神主于有序堂②，集家众行一献礼③，复击鼓一十五声，令子弟一人朗诵《谱图》一过④，曰明谱会。团揖而退。

[注释]

①初迁之祖遂阳府君：指浦江郑氏初迁祖郑淮。

②有序堂：祠堂名号。

③一献礼：一献之礼，传统燕飨之礼的礼仪，源于周礼，祭祀和宴饮时进酒一次为一献。《仪礼·士昏礼》："舅姑共飨妇，以一献之礼。"

④一过：一遍。

[译文]

四月初一日，为浦江郑氏初迁祖郑淮公诞辰日，宗子亲奉淮公神主牌位于有序堂，集合所有家族行一献之礼，之后再击鼓十五声，令郑氏子弟中一人朗读郑氏世系图谱一遍，称为"明谱会"。之后众人相互行揖礼按序退下。

[评论]

  "明谱会"表面上是宣读家族世系，其实是时时提醒族人不忘先人创基之功。这也是凝聚族人团结友爱、增进族人互相交流、增进族人感情的一种方式。

  11. 朔、望，家长率众参谒祠堂毕，出坐堂上，男女分立堂下，击鼓二十四声，令子弟一人唱云："听！听！听！凡为子者必孝其亲，为妻者必敬其夫，为兄者必爱其弟，为弟者必恭其兄。听！听！听！毋徇私以妨大义①，毋怠惰以荒厥事②，毋纵奢以干天刑③，毋用妇言以间和气，毋为横非以扰门庭④，毋眈曲蘖以乱厥性⑤。有一于此，既殒尔德，复隳尔胤。眷兹祖训⑥，实系废兴。言之再三，尔宜深戒。听！听！听！"众皆一揖，分东西行而坐。复令子弟敬诵孝弟故实一过，会揖而退。

[注释]

  ①徇私：为一己之利而做不合法的事。妨大义：有损社会公德。

  ②怠惰：懈怠、懒惰。厥事：正事。

  ③干天刑：干，冒犯；天刑，上天的法则。

  ④横非：横行跋扈。门庭：家庭。

⑤眈曲蘖（qū niè）：眈，同"耽"，沉溺；曲蘖，酒曲，酒的代称。厥性：厥，代词，其；性，性情。

⑥眷：眷恋、怀念。

[译文]

初一、十五日，家长率领族众拜谒祠堂后，从祠堂出来坐在堂上，男女族人分立堂下，击鼓二十四下，令子弟中一人高声唱云："听！听！听！凡是作为儿子的一定要孝顺父母，做妻子的一定要尊重丈夫，做兄长的一定要疼爱弟弟，做弟弟的一定要礼敬兄长。听！听！听！不要徇私情而妨害社会道德，不要懒惰而耽误了正事，不要骄奢淫欲而冒犯上天的法则，不要听信女人的谗言而伤了家庭和气，不要为非作歹而败坏门庭，不要沉溺于酒色而扰乱了人的本性。若有上述一种行为，既损害了你的道德名声，还会遗祸后代子孙。牢记祖宗的训诫，实乃关系到家庭的兴衰荣辱。之所以再三提醒，大家应该深深地引以为戒。听！听！听！"族众一起作揖，分东西而坐。再令弟子敬诵一遍先祖的孝悌事迹，众人相互拜揖退下。

[评论]

教育子女，除了学校教育外，祠堂宣讲家训、家规也是一种很有效的方式。它能时时提醒族人继承祖先的优良传统，不断反思自己，将自己的言行举止与家规时时对照，今天很多地方"国学朗诵"其实就是这种教育的延伸。

12. 每旦①，击钟二十四声，家众俱兴。四声咸盥漱②，八声入有序堂③。家长中坐，男女分坐左右，令未冠子弟朗诵男女训戒之辞④。《男训》云："人家盛衰，皆系乎积善与积恶而已。何谓积善？居家则孝弟⑤，处事则仁恕⑥，凡所以济人者皆是也⑦；何谓积恶？恃己之势以自强⑧，克人之财以自富⑨，凡所以欺心者皆是也。是故能爱子孙者遗之以善，不爱子孙者遗之以恶。《传》曰：'积善之家，必有余庆；积不善之家，必有余殃。'天理昭然，各宜深省。"《女训》云："家之和不和，皆系妇人之贤否。何谓贤？事舅姑以孝顺⑩，奉丈夫以恭敬，待娣姒以温和⑪，接子孙以慈爱，如此之类是已；何谓不贤？淫狎妒忌⑫，恃强凌弱，摇鼓是非⑬，纵意徇私，如此之类是已。天道甚近，福善祸淫，为妇人者，不可不畏。"诵毕，男女起，向家长一揖，复分左右行，会揖而退。九声，男会膳于同心堂，女会膳于安贞堂。三时并同。其不至者，家长规之⑭。

[注释]

①旦：早晨，天亮。《左传·成公十六年》："旦而战，见星未已。"

②盥漱：洗漱。

③有序堂：祠堂堂号。

④未冠：尚未加冠。古礼男子年二十而加冠，故未满二十岁为"未

冠"。训戒：同"训诫"，教导、告诫意。

⑤孝弟：孝，报答父母的爱；弟，同"悌"，兄弟姐妹的友爱。

⑥仁恕：仁爱宽容。《汉书·叙传上》："宽明而仁恕。"

⑦济人：救助别人。

⑧恃己之势：凭借自己的势力。

⑨克人之财：克扣、减少别人的钱财。

⑩舅姑：公婆，意同翁姑、姑嫜，指丈夫的父母。《尔雅·释亲》："妇称夫之父曰舅，称夫之母曰姑。姑舅在，则曰君舅、君姑；没，则曰先舅、先姑。"

⑪娣姒（dì sì）：古代同夫诸妾互称，年长称姒，年幼称娣。《尔雅·释亲》："女子同出，谓先生为姒，后生为娣。"

⑫淫狎（xiá）：指不正当的亲密关系。淫，放纵；狎，态度不端正。

⑬摇鼓是非：意为拨弄是非。摇鼓，本指打击乐。

⑭规：规则，法则。此处作动词用，意为按家规处罚。

[译文]

每天清晨，击钟二十四下，家众必须起床。敲钟四下洗漱完毕，敲钟八下全部进入有序堂。家长坐在有序堂正中，其他男女分坐左右。令一名未成年子弟宣读男女训诫的家规。《男训》云："一家兴衰荣辱，全在于积善和积恶。什么叫积善？在家以孝悌为先，处事要仁爱宽容，凡是能够帮助别人的都属此类。什么叫积恶呢？依仗自己的势力强迫欺辱他人，克扣别人的钱财来达到自富，所有欺骗内心的都属此类。所以爱护子孙的就教育子孙从善，不爱护子孙的就放纵子孙行恶。《易传》云：'积善之家，必有余庆；积不善之家，必有余殃。'天理昭昭，大家都应该进行深思。"《女训》云："家庭和睦与否，与家中妇女的贤惠与否有很大关系。什么叫贤惠？伺候公婆以孝顺，侍奉丈夫以恭敬，对待诸妾以温和，抚育子孙以慈爱，诸如此类都是贤惠的表现。什么是不贤惠？不守妇道，妒忌心强，恃强凌弱，拨弄是非，纵情徇私，这些都是不贤惠的表现。上天的报应很近，行善者得福，淫乱者招祸，作为女人不能不有所畏惧。"朗诵完毕，男女起身，向家长作一揖，然后分左右两行作揖，退下。敲钟九下，家族男性在同心堂用餐，女人在安贞堂用餐。一天三餐如此。有不到者，家长按家规处置。

[评论]

严格的家规是郑氏家族能够九世同居的一个重要原因。从中我们可以看出道德训诫在家族活动中的重要性，时时提醒，日日反思，对一个人的道德修养、家庭和睦有着不容忽视的作用。当代家庭之所以出现许多问题，与家训衰落有着某种联系。

13. 家长总治一家大小之务，凡事令子弟分掌，然须谨守礼法以制其下。其下有事，亦必咨禀而后行[①]。不得私假[②]，不得私与[③]。

[注释]

①咨禀：请教，禀告。旧题晋陶潜《卿大夫孝传赞·孔子》："游夏之徒，常咨禀焉。"

②私假：私自借用。《礼记·内则》："子妇无私货，无私畜，无私器，不敢私假，不敢私与。"

③私与：自作主张。

[译文]

家长总管一个家族的大小事务，所有事务可以分派其他子弟掌管，然而必须依照家规礼法约束管理族人。族人有事，也必须禀告后才能执行，不得私自借用家长的名义，更不能自作主张。

[评论]

国有国法，家有家规，没有规矩不成方圆，尤其在权力的借用上，需慎重，假冒领导名义，自作主张，是工作中的大忌。

14. 家长专以至公无私为本，不得徇偏①。如其有失，举家随而谏之②。然必起敬起孝③，无妨和气。若其不能任事，次者佐之④。

[注释]

①徇偏：屈从私情，偏袒一方。指处事不公。

郑氏规范

②谏：旧时称规劝君主或尊长，使改正错误。

③起敬起孝：以恭敬、孝顺为原则。

④佐：辅佐。

[译文]

家长做事必须以大公无私为根本，不能屈从私情偏袒一方。如果家长有过失，全家随时进行规劝。规劝必须以孝敬为原则，不要伤了和气。如果家长不能胜任管理工作，选年龄次于家长者辅佐他。

[评论]

家长虽是一家之长，但家规对其品性、操守和办事能力也有一定的要求。这一点对今天的家族企业管理有所垂借。

15. 为家长者当以至诚待下，一言不可妄发，一行不可妄为①，庶合古人以身教之之意②。临事之际，毋察察而明③，毋昧昧而昏④。更须以量容人⑤，常视一家如一身可也。

[注释]

①妄为：不守本分，任意而为。汉刘向《说苑·说丛》："智者不妄为，勇者不妄杀。"

②庶合：但愿符合。

③察察而明：在细微处用心，自以为明察。

④昧昧而昏：糊涂无知，头脑发昏。

⑤量：肚量。

[译文]

作为家长，应该以诚信对待族人，说话不可随便，行动不可任意而为，这或许符合古人以身作则的原意。做事之际，不要在细微末节上斤斤计较以显示自己精明，也不要糊里糊涂，头脑发昏。必须以大的肚量容纳他人，爱护整个家族就像爱护自己的身体一样。

[评论]

对家长提出更高的要求，也是对最高领导者提出的道德、品行、能力的要求。

16. 家中产业文券①，既印"义门公堂产业子孙永守"等字，仍书字号。置立《砧基簿》，书告官印押②，续置当如此法。家长会众封藏③，不可擅开。不论长幼，有敢言质鬻者④，以不孝论。

[注释]

①文券：文契，契约。《隋书·食货志》："晋自过江，凡货卖奴婢马牛田宅，有文券。"

②印押：印章。

③会：当着。

④质鬻：典押出卖。元刘埙《隐居通议·造化》："丁亥大饥，质鬻妻子。"

[译文]

家族中产业契约，既要印上"义门公堂产业子孙永守"等字样，还要写上字、号。设立《砧基簿》，将产业契约盖上印章，然后以书面报告的形式提交当地官府（以后再置办产业照此办理）。家长当着众人的面封存，不能擅自打开。不论长幼，有敢言典押出卖的，以不孝论处。

[评论]

家族产业是维持整个家族生存的根本，即便家长本人也不能私自处理。有此严格的制度，才能保证家族经济来源不中断。

17. 子孙倘有私置田业、私积货泉①，事迹显然彰著②，众得言之家长。家长率众告于祠堂，击鼓声罪而榜于壁③。更邀其所与亲朋，告语之。所私即便拘纳公堂④，有不服者，告官以不孝论。其有立心无私、积劳于家者⑤，优礼遇之，更于《劝惩簿》上明记其绩，以示于后。

[注释]

①货泉：汉代钱币，泛指货币。

②彰著：非常明显。

③声罪：宣布罪状。榜于壁：张贴于墙壁。

④拘纳：押送。公堂：旧时官府审理案件的地方，泛指官府，此处指祠堂。

⑤积劳：长期劳累过度。

[译文]

子孙倘若有私自置办田产、私自储藏金钱，事实非常清楚的，族众必须向家长汇报。家长率领族众在祠堂向大家说明，在祠堂击鼓控诉其罪状，并把这些罪状张贴在祠堂墙壁上。更邀请他的亲朋好友，把这些情况告知他们。把其私自置办的产业和钱财缴纳公堂，若其不服，向官府通报以不孝论处。子孙有大公无私、为家族的事情不辞辛劳的，给予优厚的待遇，更在《劝惩簿》上明确记载其功劳，以示后人。

[评论]

在家族管理上，善恶分明，为家族做出贡献者，给予奖赏；私心太重者，则给予惩罚。有奖有罚，公正公平，甚为良法。

18. 子孙赌博无赖及一应违于礼法之事①，家长度其不可容②，会众罚拜以愧之③。但长一年者，受三十拜；又不悛④，则会众痛棰之⑤；又不悛，则陈于官而放绝之⑥。仍告于祠堂，于宗图上削其名⑦，三年能改者复之。

[注释]

① 一应：一切。

② 度：考量。容：容忍。

③ 罚拜：罚以跪拜。

④ 悛（quān）：悔改。

⑤ 棰：鞭打。

⑥ 放绝：废弃，废除。赶出家族之意。

⑦ 宗图：家族图谱。

[译文]

子孙中有赌博、奸刁等一切有违礼法的行为，家长根据其恶迹的轻重，当着族人的面罚其跪拜，让其内心感到羞愧。每过一年罚三十跪拜；还不悔改，就会当众用鞭子痛打他；还不悔改，就会向官府陈告将其赶出家族。还要在祠堂陈告，将他的名字从郑氏谱图中删去，三年后能悔改再恢复。

[评论]

在古代，家法是国法的有效补充，除非是一些刑事案件，对于一般的有违礼法的属于道德层面的轻微犯罪，家法就能将其解决，而且比国法惩处还管用。这也是长期以来，道德法庭、家族法庭在维护社会稳定方面的价值所在。

19. 凡遇凶荒事故^①，或有缺支^②，家长预为区画^③，不使匮乏^④。

[注释]

①凶荒：荒灾。《周礼·地官·遗人》："县都之委积，以待凶荒。"贾公彦疏："凶荒，谓年谷不熟。"事故：问题，事情。

②缺支：开支不足。

③区画：谋划，筹划。

④匮乏：贫穷。

[译文]

凡是遇到荒灾等情况，有的家庭入不敷出，家长提前筹划，不至于让他们贫困。

[评论]

家族在周济贫困者方面可以起到很好的作用。家族、邻里、社区，乃至社会的互帮互助，是整个社会和谐稳定的重要保障。

20. 朔、望二日，家长捡点一应大小之务^①。有不笃行者，议罚^②；诸簿籍或过日不算结及失时不具呈者^③，亦量情议罚。

[注释]

①捡点：察看。捡，古同"检"。

②笃行：行为淳厚，纯正踏实。《史记·樗里子甘茂列传》："虽非笃行之君子，然亦战国之策士也。"

③失时：过时。具呈：呈送，呈报。

[译文]

初一、十五这两日，家长勘查所有大小事务。有行为不端的商议如何处罚；家族所有账册隔天不结算和过时不呈报的，也根据情形商议如何处罚。

[评论]

领导不一定事必躬亲，但制定的条例和安排的事项，必须督促落实，还必须有过必究，不能有头无尾。

21. 内外屋宇、大小修造工役①，家长常加点捡。委人用工②，毋致损坏。

[注释]

①工役：土木工程。《三国志·魏志·卫觊传》："工役不辍，侈靡日崇，帑藏日竭。"

②委人用工：派人操办。

[译文]

对于内外房屋、大小修建等工程,家长要经常加以视察。派人操办这些事情,不要让这些建筑和工程损坏。

[评论]

单位的固定资产,要放在心上,定期查看和维护,总比坏了再修补要好得多,这是领导的责任。

22. 每岁掌事子弟交代①,先须谒祠堂,书祝致告②,次拜家长,然后领事③。

[注释]

①掌事:管事。交代:移交、接替。

②书祝致告:书写祝词向祖先禀告。

③领事:所管之事。《汉书·百官公卿表上》:"取其领事之号。"颜师古注引孟康曰:"随所领之事以为号也。"

[译文]

每年管事的子弟移交工作,必须首先拜谒祠堂,书写祝词禀告祖先,然后再拜见家长,之后接受新的任务。

[评论]

此项工作类同今天的年终考核。考核不是目的，为的是总结过去经验，把以后工作做好。

23. 设典事二人①，以助家长行事。必选刚正公明、才堪治家②、为众人之表率者为之，并不论长幼、不限年月。凡一家大小之务，无不与焉③。每夜须了诸事④，方许就寝。违者，家长议罚。

[注释]

①典事：家族的事务总理，参与家族大小事务，为家长左右手。

②才堪：能担当重任的人才。

③与：参与。

④了：处理。

[译文]

设立典事两人，来协助家长处理家族所有事务。一定要选那些品格刚正、公正廉明、能胜任管理家族、为大家做表率的人来担当，不受年龄、长幼的限制。凡是家族的大小事务，没有不参与的。每天晚上必须处理完所有事情，才能就寝。若有违反，家长讨论处罚。

[评论]

家长不可能事无巨细，必须选好助手。如同单位领导的副手，不能图有虚名，一定要有真材实料，还要乐于奉献。一把手制定方针，副手具体执行，各尽所能，无往而不胜。

24. 每夜聚会之际①，典事对众商确，何日可行某事，书之于籍。上半月所书，下半月行之；下半月所书，次上半月行之，庶无迂滞之患②。事当即行者不拘③。

[注释]

①聚会：汇聚，集中在一起。

②迂滞：迂阔、不通达。迂，绕弯；滞，停留。

③不拘：不受限制。

[译文]

每夜聚会的时候，典事和大家当面商量，某日要做什么事，并写在书册上。上半月所写的，下半月一定要执行；下半月所写的，次月上半月执行，这样大概就免除了拖延和停止不办的问题。必须立即执行的事情不受此条限制。

[评论]

一个家族的管理就如同一个单位、一个企业的管理，计划很重要，有了计划还必须按计划执行,这样才能事半功倍,卓有成效。

25. 择端严公明、可以服众者一人,监视诸事①。四十以上方可,然必二年一轮。有善公言之②,有不善亦公言之。如或知而不言与言而非实,众告祠堂,鸣鼓声罪而易置之③。

[注释]

①监视:即监事,祠堂执事之一,其职责是监督家政、评判是非、宣讲家规。

②公:即监视。

③易置:更换处置。

[译文]

挑选端庄公正、可以让众人信服的人,出任监视,督办一切事物(年龄在四十岁以上才可以,然而必须是两年一轮换)。家族中有好的做法由监视提出来,有不好的做法也由他提出来。如果知道了不说,或者所言与事实不一致,众人将他告于祠堂,并鸣鼓宣布他的罪责,重新更换监视。

[评论]

家族的管理者除家长是世袭的外,其他的管理者多是选举产生,有德有才者上,无德庸才者下,上与下,由众人评议。这种家族式的民主化的选才机制，颇有借鉴意义。

26. 监视莅事①，告祠堂毕，集家众于有序堂，先拜尊长四拜，次受卑幼四拜②，然后鸣鼓，细说家规，使肃听之③。

[注释]

①莅事：视事，处理公务。晋葛洪《抱朴子外篇·省烦》："夫约则易从，俭则用少。易从则不烦，用少则费薄。不烦则莅事者无过矣，费薄则调求者无苛矣。"莅，临也。

②卑幼：晚辈年龄幼小者。宋王谠《唐语林·补遗三》："此子眉目疏秀，进退不慑，惜其卑幼，可以劝学乎？"

③肃听：肃穆静听。

[译文]

监视处理事务，在祠堂宣告后，集合族众于有序堂，先向尊长拜四拜，再接受家族中年幼的人四拜，然后敲鼓，仔细分说家规，族众必须静穆倾听。

[评论]

此家规可见监视地位的重要性，这样隆重的场面，也使得监视战战兢兢，唯有做好事情，才不辜负大家的期望。

郑氏规范

27. 监视纠正一家之是非，所以为齐家之则①，而家之盛衰系焉，不可顾忌不言。在上者，必当犯颜直谏②，谏若不从，悦则复谏③；在下者则教以人伦大义④，不从则责，又不从则挞⑤。

[注释]

①齐家：治家，整顿管理家事。语出《礼记·大学》："欲齐其家者，先修其身。"则：规则，制度。

②犯颜直谏：敢于冒犯尊长的威严而极力相劝。

③悦：悦色，高兴。

④人伦：人与人的道德关系。

⑤挞（tà）：用鞭和棍敲打。

[译文]

监视纠正整个家族的是非曲直，这是实现治家的原则，家族的兴衰与此关系甚大，不能因为顾忌重重而不说。对于尊长，一定要敢于犯颜直谏，直言规劝尊长不听，等他高兴的时候再规劝；对于家族晚辈，教给他们如何做人的道德规范，不听从就责骂，再不从，就可以鞭抽或棍打他。

[评论]

监视的责任多么重要，俨然朝中的宰相，上辅人君，下匡百姓。单位的副手扮演的也是这样的角色，要向其学习。

28. 立《劝惩簿》，令监视掌之。月书功过①，以为善善恶恶之戒②。有沮之者③，以不孝论。

[注释]

①月书功过：每个月记录功绩和过错。

②善善恶恶：称赞善事，憎恶坏事。善善，第一个善，动词，称赞；第二个善，名词，善事。恶恶，第一个恶，动词，憎恶；第二个恶，名词，坏事。

③沮（jǔ）：阻止。

[译文]

设立《劝惩簿》，让监视掌管，每个月记录功绩和过错，作为称赞善事、憎恶坏事的警示。有谁敢阻止，以不孝论处。

[评论]

让做好事的人得到褒扬，做坏事的人受到唾弃，扬善除恶，形成一种良好的道德氛围，引导大家向善，形成良好的社会道德规范。

29. 造二牌，一刻"劝"字，一刻"惩"字，下空一截，用纸写帖①。何人有何功，何人有何过，既上《劝惩簿》，更上牌中，挂会揖处②，三日方收，以示赏罚。

[注释]

①用纸写帖：写在纸上，贴到牌上。帖，同"贴"。

②会揖：会拜。

[译文]

制作两块木牌，一块刻"劝"字，一块刻"惩"字，每块下面留出一截空白处，便于用纸书写张贴。何人有何功，何人有何过，既要记录在《劝惩簿》上，更要贴在木牌上，木牌挂在族人会拜的地方，挂三天才撤走，以示奖惩。

[评论]

这种奖惩方式太能震慑人心了，尤其是那些受到惩罚的人，恶迹被当众示人，这和游街没有什么区别。这种极端的严惩方式，虽说没有保护受惩罚者的隐私权，但对做坏事的人还是有一定的震慑作用的。

30. 设主记一人①，以会货泉谷粟出纳之数②。凡谷匮收满③，主记封记④，不许擅开，违者量轻重议罚。如遇开支，主记不亲视，罚亦如之。钥匙皆主记收。遇开则渐次付之，支讫，复还主记。

[注释]

①主记：执掌家族粮仓的人员。

②货泉：一种汉代钱币，指钱财。出纳：家庭的收支管理。

③谷匦：储藏谷物的器具，即粮仓。

④封记：封缄标记。

[译文]

设置主记一人，用于记载钱财、谷物收支的数量。凡是粮仓收满，主记贴上封条，不许擅自打开，违反者根据情节轻重议罚。如果遇到开支，主记不亲自察看，处罚也是如此。粮仓钥匙由主记掌管，遇到开支按次序领取钥匙，支取完毕，还给主记。

[评论]

财务主管，必须由专人负责，否则没有规矩，就会乱套。此条规范对今天的许多单位仍有借鉴意义。

31. 选老成有知虑者①，通掌门户之事②。输纳赋租③，皆禀家长而行④。至于山林陂池防范之务⑤，与夫增拓田业之勤⑥，计会财息之任⑦，亦并属之。

[注释]

①老成：经历多、成熟稳重的人。知虑：智慧和谋略。

②通掌：全面主持。

③输纳赋租：交纳赋税、租税。

④禀：禀告。

⑤陂（bēi）池：池塘。

⑥增拓：增加、扩充。清唐孙华《东林寺》诗："刹竿无倾颓，莲宇复增拓。"

⑦计会：会计，计算。《战国策·齐策四》："后孟尝君出记，问门下诸客：'谁习计会，能为文收责于薛者乎？'"

[译文]

挑选老成持重、有见识、有谋略的人全面掌管家族一切事务。缴纳赋税、收取租金，均需禀告家长才能进行。至于山林、水塘防范等事，以及增加田产、开拓产业等活动，计算钱财利息等重任，一并交由其管理。

[评论]

一个大家族的管理尚且如此周密，更何况一个单位、一个企业，也必须有周密的管理措施，必须由具备专业素养的人担当此任。

32. 立家之道，不可过刚，不可过柔，须适厥中①。凡子弟，当随掌门户者轮去州邑练达世故②，庶无懵暗不谙事机之患③。若年过七十者，当自葆绥④，不宜轻出。

[注释]

①厥中：不偏不倚，符合中正之道。

②掌门户：掌管门户的职责。轮：轮流。练达世故：阅历丰富，通晓人情世故。

③庶无：几乎没有。懵暗：糊涂、昏昧。事机：行事的时机。唐吴兢《贞观政要·任贤》："勣（李勣）每行军，用师筹算，临敌应变，动合事机。"

④葆绥：使得到保全，获得安宁。

[译文]

管理好一个家庭的秘诀，不能太强硬，也不能太软弱，必须刚柔相济，恰到好处。凡是子弟，应当跟随掌门户者轮流到州县官场去增加人生阅历，洞悉人情世故，这样才能避免因遇事糊涂或不懂办事时机而造成的祸患。如果年过七十，应当自己保持好安定的心态，不宜轻易外出。

[评论]

如何管理好一个家庭、一个单位、一个企业，是有很深的学问的。该做什么，不该做什么，必须有一定的磨练，应该给年轻人提供更多的磨练机会，传帮带教很重要，不经风浪，何来成熟？

33. 增拓产业，长上必须与掌门户者详其物与价等①，然后行之。或掌门户者他出，必俟其归②，方可交易③。然又预使子弟亲去看视肥瘠及见在文凭无差④，切不可卤莽，以为子孙之害。

[注释]

①长上：长辈、尊长。详：详细了解。

②俟：等待。

③交易：交换贸易，指买卖。

④预：预先，提前。肥瘠：指土地的肥沃和硗薄。文凭：凭证，券契。

[译文]

增加和拓展田地产业，尊长必须和通掌门户的人详细了解物品和价格，然后才能交易。假如通掌门户的人外出，也必须等他回来，才可以交易。同时还必须预先派子弟前去查看土地是肥沃还是硗薄，以及看对方的田契有没有问题，千万不能鲁莽行事，给子孙带来祸害。

[评论]

做买卖一定要认真、仔细，尤其是涉及双方交易，不能糊里糊涂，不能感情用事，必须依照买卖原则办事。合同很重要，许多交易出现麻烦都是因为没有合同惹下的，尤其在市场经济条件下的今天，缔约合同尤为重要。

34. 凡置产业，即时书于《受产簿》中，不许过于次日①。仍用招人佃种②。其或失时不行③，家长朔望点捡④，议罚。

[注释]

①过：超过。

②佃种：租种土地。

③失时：错过时机。

④点捡：察看。

[译文]

凡是新置的产业，必须及时写在《受产簿》中，不许超过第二天。产业仍然采用雇人租种的方式。如果错过时机还没有办理，家长每月初一、十五日察看时商议如何处罚。

[评论]

委派给下属的工作，领导必须时时督促，必须在规定的时间见到结果。

35. 增拓产业，彼则出于不得已，吾则欲为子孙悠久之计①，当体究果值几缗②，尽数还足。不可与驵侩交谋③，潜萌侵人利己之心。否则，天道好还，纵得之，必失之矣。交券务极分明，不可以物货逋负相准④。或有欠者，后当索偿⑤。又不可以秋税暗附他人之籍⑥，使人陪输官府⑦，积祸非轻。

[注释]

①悠久之计：长久之计。

②体究：体察考究。值：价值。缗（mín）：古代货币计量单位。

③驵侩（zǎng kuài）交谋：驵侩，马匹贸易的经纪人；交谋，勾结谋划。

④逋（bū）负相准：逋负，拖欠；相准，相互抵消。

⑤索偿：讨回。

⑥秋税：秋天征收的田赋。暗附：背地里摊附。

⑦陪输：加倍缴纳。陪，重叠，附加。

[译文]

增加田产土地时，对方出于迫不得已而变卖，我们要为子孙长久之计考虑，应当如实地核算价值多少，尽数给够对方钱财。不可以和经纪人暗中勾结，萌生损人利己的杂念。不然的话，上天是讲究报应的，即便得到了，最终必然会失去。买卖合同券契一定要当场兑现，不能拖欠货物或者以田赋相抵消。即便有拖欠，随后必须设法讨回。也不能用秋税暗中摊派在他人田籍中，让人向官府多交田赋，这样做积祸非常严重。

[评论]

告诫子孙，在与别人买卖田产时，要守信，不要玩弄阴谋诡计。损人利己的事情一件也不能做，做一个诚实守信的人。现代商人应向此学习，守信经营。

36. 每年之中，命二人掌管新事①，所掌收放钱粟之类②；又命二人掌管旧事③，所掌冠昏丧祭及饮食之类④。然皆以六月而代⑤，务使劳逸适均。

[注释]

①掌管新事：郑氏家族职守之一，负责"收放钱粟"事宜。

②收放钱粟：收取、发放钱粮。

③掌管旧事：郑氏家族职守之一，负责"冠婚丧祭及饮食"。

④冠昏丧祭：冠，冠礼，成年礼；昏，婚礼；丧，葬礼；祭，祭祀礼。

⑤代：替代，交换。

[译文]

一年之中，任命两人掌管新事，即掌管收取、发放钱粮一类事情；再命两人掌管旧事，即掌管冠、婚、丧、祭诸礼以及饮食之类。然而都是以六个月为轮回，目的是让他们劳逸适中。

[评论]

操持一个大家族，谈何容易，管事的人也要劳逸结合，这样才有精力把事情管好。再说管理家族事情，是一项公益事业，应该让更多的有能力的人参与其中，这样才有荣誉感。任何公益事业都是如此，参加的人多了，事业才能兴旺发达。

37. 新、旧管轮当①，须视为切己之事。计会经理②，自二十五岁至六十岁止。过此血气既衰，当优遇之，毋任以事。

[注释]

①轮当：轮值。

②计会经理：计会，会计、计算；经理，经营管理。

[译文]

新、旧管轮流当值，一定要把这项工作作为自己切身利益的事情来看待。担任会计和经营管理工作的人的年龄范围是从二十五岁到六十岁。过了六十岁人就气血衰败、精力不济，所以应该优待他们，不能再让他们担任此项工作。

[评论]

大家族如同企业一样，应该由年富力强的人来担当重任。为家族或企业做出过贡献的人，也不能一脚把他们踢开，应该记住他们为家族做出的贡献，优待他们，让他们安度晚年。

38. 新、旧管皆置《日簿》，每日计其所入几何①，所出几何，总结于后，十日一呈监视②。果无私滥③，则监视书其下，曰："体验无私④。"若显露，先责监视，次及新、旧管。

[注释]

①几何：多少。

②监视：郑氏家族的监察机构。

③私滥：私自乱用。

④体验：体察、考察。

[译文]

新、旧管都要设立《日簿》，每天记录收入多少，支出多少，并汇总于后。每隔十天呈送家族的监视。监视查验没有胡乱使用，就在《日簿》上写上"体验无私"四个字。日后如果发现不实，先责罚监视，再责罚新、旧管。

[评论]

管理者在管理过程中，手握花销大权，但必须账目清楚，不能任意妄为。监察机构也不能马虎，不给投机钻营的人以可趁之机。

39. 新管置一《总租簿》，明写一年逐色谷若干石①，总计若干石，又新置田若干石。此是一定之额，却于当年十二月望日，以所收者与前数总较之②，便知实欠多少，以凭催索③。后索到者，别书于《畸零簿》，至交代时④，却入《总租簿》内通算⑤。

[注释]

①逐色谷：根据谷物的成色，意即实际收入。石：中国市制容量单位，十斗为一石。

②总较：汇总比较。

③催索：催着要。

④交代：移交。

⑤通算：通计，总计。

[译文]

新管设置一本《总租簿》，写明本年根据谷物的品相应收租多少石，总计多少石，也要写明本年新买的田地收入多少石。这是每年规定的应收数额，但在当年十二月十五日，将所收的谷物和以前的数额做一比较，便知道实际欠收多少，以此作为凭证催要。后来催要到的，另外写在《畸零簿》上，到移交的时候，再将其纳入《总租簿》中通算。

[评论]

账目不细，就会有浑水摸鱼者。财务工作最应知晓其中的厉害，严格把关，不给浑水摸鱼者有可趁之机。

40. 新管所收谷麦，每匣收讫①，即结总数报于主记。置《税赋簿》，令其亲书"某号匣系某人于某月日收何等谷麦若干石"。量出之时②，亦须置簿，书写"某匣舂磨自某日支起至某日用毕"③，以凭稽考④。

[注释]

①匣：装谷物的柜子。讫：毕。

②量出：支出的数量。

③舂磨：把谷麦放进石臼或石磨去掉皮壳。

④稽考：查考、考核。

[译文]

新管所收的谷物，每个粮柜装满后，将总数上报给主记。设置《税赋簿》，令他亲自写上"某号匣系某人于某月日收何等谷麦若干石"。支出的时候，也要在簿上写明"某匣舂磨自某日支起至某日用毕"，以此作为凭证考核。

[评论]

仓储管理的重要性，不言而喻。必须有严格的制度，不能给监守自盗者提供便利条件。

41. 新管所管谷麦，必当十分用心，及时收晒，免致黫烂①；收支明白，不至亏折②；关防勤谨③，不至透失④。赏则及之，若有前弊⑤，罚本年衣资绵线不给⑥。如遇称收繁冗⑦，则拨子弟分收之。

[注释]

①黕（zhěn）烂：受潮霉烂。黕，物品发霉生的黑斑。

②亏折：亏蚀、亏本。

③关防：一种印章。

④透失：损失。

⑤前弊：过失。

⑥衣资绵线：衣服费用和棉线。

⑦繁冗：繁忙。

[译文]

新管所管理的谷麦，一定要万分用心，要及时收取、晾晒，免得发霉腐烂；收入支出清楚，不至于有所亏损；封条印章要小心谨慎，不至于因监管不到位有所损失。有奖励也要给新管，如果出现前面提到的亏损，就要罚新管，不给他一年的衣资和棉线。如遇到过称收租非常忙碌，派家族子弟前来分担。

[评论]

新管属于家族的高管，在家族管理中起到举足轻重的作用，也要有奖有罚。

42. 佃人用钱货折租者①，新管当逐项收贮，别附于簿，每日纳诸家长。至交代时，通结大数②，书于《总租簿》，云

"收到佃家钱货若干，总计租谷若干"。如以禽畜之类准折者③，则付与旧管，支钱入帐，不可与杂色钱同收④。

[注释]

①折租：以实物地租折成货币交纳。

②通结：统计。

③准折：准许折算。

④杂色钱：正税之外附加税。

[译文]

佃户用现钱和其他货物折成租金，新管应该一项一项收储，另附在《税赋簿》中，每日交给家长过目。到移交时汇总数目，写在《总租簿》上，云"收到佃家钱货若干，总记租谷若干"。如果以家禽牲畜等折算的，就交给旧管，领取现钱记入账中，不能和佃户应交给官府的杂色钱一并收取。

[评论]

财务账目，要细致，不敢粗枝大叶，糊里糊涂那是要出问题的。

43. 田地有荒芜者，新管逐年招佃。或遇堋江①，亦即书簿，以俟开垦。既毕，复入原簿，免致失于照管。

[注释]

①埧：分水的堤坝，作用是减弱水势，战国时李冰在修建都江堰时始创。

[译文]

如果有荒芜的土地，新管负责每年招佃户租种。如果遇到江河泛滥，江河水决口，也要记载于簿册上，等待以后再开垦。开垦完毕后，再记入原簿册中，以免失于管理。

[评论]

管理田产不仅要管理现有的，也要将因灾荒而荒芜的土地登记在册，作为日后凭证，管理不能漏死角。

44. 田租既有定额，子孙不得别增数目。所有逋租^①，亦不可起息^②，以重困里党之人^③。但务及时勤索^④，以免亏折。

[注释]

①逋租：欠租。

②起息：利息。

③重困：加重困难。里党：邻里乡亲。

④务：务必。勤索：经常讨要。

[译文]

田租一旦确定额度，子孙不得另外增加名目加收。所有欠租也不能收取利息，加重邻里乡亲的负担。但是一定要及时催要，以免受到亏损。

[评论]

做人要讲信誉，不能见利忘义。凡事要按合同办事，不能随心所欲，加码提价。

45. 佃家劳苦不可备陈①，试与会计之②，所获何尝补其所费③。新管当矜怜痛悯④，不可纵意过求，设使尔欲既遂⑤，他人谓何。否则贻怒造物⑥，家道弗延。除正租外，所有佃麦、佃鸡之类，断不可取。

[注释]

①备陈：详尽陈述。

②会计：核算。

③补：弥补。

④矜怜痛悯：怜悯、可怜。

⑤遂：满足。

⑥贻怒造物：触犯天怒。

[译文]

佃户劳苦一言难表,尝试着算算他们的一年所得,又怎么能够抵得上其一年的花费?新管应当怀有怜悯之心,不能纵情苛求,假设你的欲望满足了,他人又该怎么办呢?不这样的话一定会触犯天怒,家业也就不能延续下去。除了正常的田租外,所有附加的诸如佃麦、佃鸡之类,万万不能收取。

[评论]

大户人家,不完全都是周扒皮、南霸天,对贫寒的佃农怀有一颗怜悯之心,值得敬佩;为富不仁,当为唾弃。

46. 邻族分岁之饮①,旧管于冬至后排日为之。

[注释]

①分岁:除夕夜民间各种岁时活动的总称。

[译文]

除夕夜邻族的各种宴席活动,旧管在冬至过后就要安排时间准备。

[评论]

家庭和睦还不算和睦,乡邻和睦才算真正的和睦。邻里关系也是如此,现代都市的邻居之间老死不相往来的现状,是一种悲哀。

47. 男女六十者，礼宜异膳①。旧管尽心奉养，务在合宜②。违者罚之。

[注释]

①异膳：指珍馐美味。《三国志·魏志·武宣卞皇后传》："尊后曰皇太后，称永寿宫。"裴松之注引晋王沉《魏书》："太后幸第请诸家外亲，设下厨，无异膳。太后左右，菜食粟饭，无鱼肉。其俭如此。"

②合宜：适宜、恰当。

[译文]

男女过了六十岁，按照礼仪应该供给他们美味佳肴。旧管应该尽心奉养，务必供给适合他们口味的食品。违反者处罚。

[评论]

敬老是中华民族的传统，敬老有一些具体的要求，让他们吃得可口就是其一。

48. 新管簿书不分明者，不许交代。一应催督钱谷，须是先期逐项详注，已未收索之数①，于交代日分明条说，并承帐人交付②。虽累更新管，要如出于一手，庶不使人欺隐③。旧管簿书不分明者，亦不许交代。

[注释]

①收索：收取。

②承帐人：承接账目的人，指家族管账的人。

③欺隐：欺骗隐瞒。《梁书·武帝本纪下》："凡是政事不便于民者，州郡县即时皆言，勿得欺隐。"

[译文]

新管账簿记载不清楚的，不许移交。所有应该催缴的钱粮，必须之前就逐条注明已收和未收的数目，在移交日一条一条说明，并和承接账目的人交割。即便不断更换新管，如同出自一人之手，这样才不受到别人的欺骗和蒙蔽。旧管簿册上记载不清楚的，也不允许移交。

[评论]

事无巨细，必须有条理。一本糊涂账，害人又害己，经济账目一定要慎重。

49. 所用监视及新旧管，其有才干优长、不可遽代者①，听众人举留②。

[注释]

①遽代：匆忙更换。

②举留：推举留任。

[译文]

所任用的监视和新、旧管,确实才能突出,又无法马上找到替代者的,不可匆忙更换,听取大家的意见推举留任。

[评论]

一个真正有才能的人,最好不要规定具体的任职时间,只要他愿意,可以一直干下去。

50. 设羞服长一人①,专掌男女衣资之事②。宜先措置③,夏衣之给,须在四月;冬衣之给,须在九月。不得临时猝办④,如或过时不给,家长罚之。凡生男女,周岁即给。

[注释]

①羞服长:郑氏家族管理男女服装制作的职务。

②衣资:服装制作。

③措置:安排,置办。

④猝(cù)办:仓促办理。

[译文]

设立羞服长一人,专门掌管家族男女服装制作事宜。制作服装应该提前筹措,夏天衣服制作,必须在四月;冬天衣服制作,必须在九月。不得临时仓促置办,如果过了时节还没有供给,由家长责罚。(刚出生的男女婴儿,周岁以后才供给。)

[评论]

俨然大同社会,不过作为具体操办者,必须一心扑在工作上,做什么事都得有条不紊,不能临时抱佛脚。

51. 男子衣资,一年一给;十岁已上者半其给,给以布;十六岁已上者全其给,兼以帛①;四十岁已上者优其给,给以帛。仍皆给裁制之费。若年至二十者,当给礼衣一袭②。巾履则一年一更③。

[注释]

①帛:丝织品。

②礼衣:礼服。袭:成套衣服。

③巾履:头巾和鞋子。

[译文]

男人的衣服,一年供给一套;十岁以上的减半,供给棉布;十六岁以上的按成年人供给,材料棉布兼丝绸;四十岁以上给以优待,全部用丝绸。仍然提供缝制衣服的费用。如果年龄到了二十岁,应当给礼服一套。头巾和鞋子一年更换一次。

[评论]

不同年龄，衣服的质地不一样，想奢侈也不行，难得。

52. 妇人衣资，照依前数，两年一给之。女子及笄者①，给银首饰一副。

[注释]

①及笄（jī）：古时称女子年在十五为"及笄"，也称"笄年"。《礼记·内则》："女子十年不出……十有五年而笄。"笄，发簪。

[译文]

妇女的衣服，依照前例，两年供给一套。女孩到了十五岁该出嫁的时候，供给银首饰一副。

[评论]

男女有别，还兼顾了女性的特点。

53. 每岁羞服长除给男女衣资外，更于四时祭后一日①，俵散诸妇履材及油泽、脂粉、针花之属②。

[注释]

①四时祭：禴、祠、尝、烝分别是春夏秋冬四时的祭名，所谓四时

祭，就是每逢岁时之首，用时令蔬果祭祖。

②俵散：按份散发。履材：做鞋的材料。油泽：胭脂。脂粉：水粉。针花：绣花针线。

[译文]

每年羞服长除了拨给每家男女服装费以外，更在四时祭祀后次日，分发各家妇女做鞋的材料以及胭脂、水粉、绣花针线等。

[评论]

九世同居确实不易，连女人的日常用品都得考虑，没有详细的管理规程要维持这么多人的日常生活、生产，谈何容易。

54. 各房染段①，羞服长斟酌为之，仍置簿书之，毋使多寡不均。

[注释]

①染段：染布匹绸缎。段，绸缎。

[译文]

各房染布匹绸缎的多寡，羞服长斟酌再三按需分发，仍要记录在簿册上，避免多寡不均。

[评论]

人口众多的单位，部门林立，就怕福利不均。老人、新人、领导、职工，在福利上应该趋于平均，不均则生怨，不利于单位团结。

55. 子孙须令饱暖，方能保全义气①。当令廉谨有为者以掌羞服之事②，务要合宜，而无不足之叹。

[注释]

①义气：刚正之气。宋欧阳修《秋声赋》："是谓天地之义气，常以肃杀而为心。"

②廉谨有为：廉洁谨慎，有所作为。

[译文]

子孙必须让他们吃饱穿暖，这样才能保全刚正之气。应当让廉洁谨慎、有才干的人掌管羞服一事，务必要办事公正、恰如其分，不能让人有不够用的埋怨。

[评论]

"衣食足而知礼节"，温饱问题都解决不了，谈何高尚情操？空谈道德是没有用的，必须先解决人们的物质生活，然后再循循善诱，解决精神问题。

56. 设掌膳二人①，以供家众膳食之事，务要及时烹爨②，不许干预旧管杂役③。亦须一年一轮。

[注释]

①掌膳：郑氏家族的一个职事，负责全族的饮食。

②烹爨（cuàn）：烧火做饭、炒菜等。

③杂役：各种差事。

[译文]

设"掌膳"两人，负责供应全族饮食，一定要及时烧火做饭、炒菜，不允许干预旧管和其他人员的职责。人员也必须一年一轮换。

[评论]

是谁的事情谁干，不许越俎代庖，更不许越权。一个重要岗位的管理者要经常轮换，这样可以避免积久生弊。

57. 择廉谨子弟二人，收掌钱货①。所出所入，皆明白附簿②。或有折陷者③，勒其本房衣资、首饰补还公堂④。

[注释]

①收掌：收存掌管。宋曾巩《请给中书舍人印及合与不合通签中书外省事》："印合系散骑常侍收掌。"

②明白：清楚，明确。《朱子语类》卷六十七："《易传》明白，无难看。"

③折陷：亏损漏账。

④勒：勒令，强制。

[译文]

选择廉洁谨慎的子弟两人，收存掌管家族财务。所有的进账和支出，都必须清清楚楚计入账册。如果有亏损的，勒令从他本房供应的衣服、首饰中扣除补还公堂。

[评论]

经营出现亏损，再所难免，但必须从经济上给经营者以处罚，扣除薪水或奖金来弥补损失，责任心是很重要的。

58. 择廉干子弟二人①，以掌营运之事②。岁终会算③，通计其数，呈于家长。监视严加关防④，察其私滥⑤。

[注释]

①廉干：廉洁干练。《后汉书·陈球传》："累经州郡，以廉干知名。"

②营运：经营，常指经商。《京本通俗小说·志诚张主管》："家有十万贯财，用两个主管营运。"

③会算：汇总、统计。

④关防：防范。

⑤私滥：私下过度使用。

[译文]

挑选廉洁干练的子弟两人，专门从事经商一事。年终汇总统计，将经营的整体状况汇报家长。监视严加审核防范，明察其有没有中饱私囊和过度浪费等情况。

[评论]

防止贪污和腐败，要有制度约束，还要有专人审计，这样就可以避免他人钻空子，出现腐败行为。

59. 子孙以理财为务者①，若沉迷酒色、妄肆费用②，以致亏陷③，家长核实罪之④，与私置私积者同⑤。

[注释]

①理财：治理财物。务：事情。

②妄肆：狂妄放肆，任意妄为。

③亏陷：亏损。

④核：查验、核实。

⑤私置私积：私下置办，私下积蓄。

[译文]

从事理财工作的子孙，如果被发现沉迷酒色、胡乱开支导致经营不善，出现亏损和漏账的，家长据实治其罪，与私下置办产业、私下积蓄钱财者同罪。

[评论]

经营不善，出现亏损，必有原因，要么是中饱私囊、侵吞公款，要么是穷奢极欲、花天酒地，对这些人不能心慈手软，一定要依律治罪。

60. 委人启肆①，皆公堂给本与之②，一年一度，新管为之结算，其子钱纳诸公堂③。

[注释]

①启肆：开设商铺。肆，店铺。

②给本：提供本钱。

③子钱：贷给他人取息之钱，即利钱，犹言高利贷。

[译文]

委托他人开设商铺，由公堂拨给本钱，一年一结算，由新管与之结算，利钱缴纳公堂。

[评论]

单位的副业，由单位出资，当然也必须由单位得利。问题就怕没人管理，经办人浑水摸鱼，中饱私囊。

61. 畜牧树艺①，当令一人专掌之。须置簿书写数目，以凭稽考②。然须常加点检③，务要增益。如或失时不办住，本人本年衣资不给。

[注释]

①畜牧树艺：畜牧，放养牲畜；树艺，种植。

②稽考：考核。

③点检：清点。

[译文]

家族的畜牧种植等事情，由一个人专门负责。必须在簿册上注明数量，便于查考。然而还必须经常加以清点，数量必须有所增加。如果错过季节数量没有增加，本人本年度衣服费用不再供给。

[评论]

考核一个人工作如何，除了规定的数量，还必须有质量，工作不负责任，必须受到惩罚。

62. 设知宾二人①,接奉谈论、提督茶汤、点视床帐被褥②,务要合宜。

[注释]

①知宾:旧时帮助办喜事或丧事的人家招待宾客的人。

②接奉谈论:接奉,接待客人;谈论,陪客聊天。提督茶汤:提督,监督催促;茶汤,一种甜饮食,泛指茶水、点心。点视:查点察看。

[译文]

设"知宾"两人,专门负责接待宾客、陪客聊天、督促上茶水点心、察看床铺蚊帐被褥等事务,务必做到周全,让客人满意。

[评论]

接待工作非小事,关乎单位形象,负责接待的人要选择好。

63. 亲宾往来①,掌宾客者禀于家长②,当以诚意延款③,务合其宜。虽至亲,亦宜宿于外馆④。

[注释]

①亲宾:亲戚与宾客。南朝梁江淹《别赋》:"左右兮魂动,亲宾兮泪滋。"

②掌:负责接待。

③延款：款待。

④外馆：客舍。《孔子家语·六本》："孔子在齐，舍于外馆，景公造焉。"

[译文]

亲戚宾客往来，负责接待宾客者要禀告家长，应当诚心诚意加以款待，务必要招待周全，让客人满意。即便是最亲近的亲戚，晚上也应当住在客房。

[评论]

待客要诚心诚意，让客人有宾至如归的感觉，这是待客之道，千万不能怠慢。

64. 亲朋会聚若至十人①，旧管不许于夜中设宴②。时有小酌，亦不许至一更③，昼则不拘。

[注释]

①会聚：聚会。

②夜中：夜间、夜里。

③一更：戌时，晚上七点到九点。

[译文]

亲朋好友聚会如果人数达到十人,旧管也不允许在夜间设宴。偶尔小酌一下,时间也不许超过晚上九点,白天不做限制。

[评论]

晚上休闲一下,也是可以的,但要适可而止。不可彻夜寻欢作乐,这样对身体不好,影响也不好。这种明文规定,还是很有必要的。

65. 亲姻馈送①,一年一度,非常庆吊则不拘此②。切不可过奢,又不可视贫而加薄③,视富而加厚④。

[注释]

①馈送:赠送礼品。

②庆吊:庆贺或吊唁。唐韩愈《送文畅师北游》诗:"长安多门户,吊庆少休歇。"

③薄:轻、淡、少。

④厚:重、浓、多。

[译文]

向姻亲赠送礼物,一年一次,遇到特殊的庆贺或吊唁,不受限制。这种事情千万不能过于奢侈,更不能看对方贫穷就减少礼物,看对方富裕就增加礼物。

[评论]

结亲、交友,最忌势利眼。嫌贫爱富是交际的大忌。

66. 子弟未冠者,学业未成,不听食肉①,古有是法。非惟有资于勤苦,抑欲其识齑盐之味②。

[注释]

①听:任凭,随。
②齑(jī)盐:腌菜和盐,泛指清贫生活。

[译文]

子弟不到成年,未行成年礼,学业未成,不能随意吃肉,古代就有此项规定。这样做不但有助于培养其勤奋吃苦的精神,还能让他们领略清贫生活的艰辛。

[评论]

孩子未成年,不能提供太优越的物质生活,即便是家庭富裕,也应该从小培养其吃苦精神。

67. 子弟未冠者不许以字行①,不许以第称②,庶几合于古人责成之意③。

[注释]

①字行：由各家族自行择定若干色彩典雅、意义祥和的单字，组成类似诗句联语的句式，载于谱牒，族人命名时则依其世次取其中一字作为名字的首字。以此来分别宗族中的长幼辈分。

②第称：又叫"行第称"，即家族中同辈兄弟按顺序排列连同姓氏一起称呼，如柳宗元（柳八），韩愈（韩十八）等。

③责成：指令专人或机构负责完成任务。

[译文]

子弟中不到行冠礼的不许用字行起名，不许以行第称，这差不多符合古人督促其早日完成学业的意思。

[评论]

在过去家族中，起名、称呼必须用字行、行第称，有一定的规矩，从称呼可以看出辈分，也就有了尊卑长幼之别。现在很少有家庭这么用，这也许是传统的失落吧。

68. 子弟年十六以上，许行冠礼①，须能暗记"四书""一经"正文②，讲说大义方可行之。否则，直至二十一岁。弟若先能，则先冠③，以愧之。

[注释]

①冠礼：中国古代男人的成年礼。冠礼的年龄大致从十二岁到二十岁不等。

②"四书""一经"：儒家经典著作，四书指《论语》《孟子》《大学》《中庸》，一经指《乐经》。

③先冠：先举行冠礼。

[译文]

子弟十六岁以上，允许举行冠礼，但必须能背诵"四书""一经"的正文，能够讲解其中的道理才行。不然的话，一直到二十一岁才能举行冠礼。弟弟如果先做到，可以先举行冠礼，以此来羞辱哥哥。

[评论]

一个男人，成年礼代表着长大成人，在一个人的成长历程中具有重要意义，从此之后，不仅可以结婚生子，而且还肩负社会的担当。这种仪式，具有象征意义，应该恢复。

69. 子弟当冠，须延有德之宾①，庶可责以成人之道②。其仪式并遵《文公家礼》。

[注释]

①延：聘请。有德之宾：德高之人。

②责：要求。

[译文]

子弟到了加冠礼时，必须聘请德高望重的宾客，以此来教导他如何做一个成年人的道理。仪式一并遵照《文公家礼》。

[评论]

身体成年，未必心理成年，找一个德高望重的老者再进行教导，对一个人的成长会起到非常大的作用，何乐而不为呢？

70. 子弟已冠而习学者，每月十日一轮，挑背已记之书①，及谱图、家范之类②。初次不通，去巾一日③；再次不通，则倍之；三次不通，则分髻如未冠时④，通则复之。

[注释]

①挑背：挑选背诵。已记：已经读过。

②谱图：家族世系图谱。家范：治家的规范文本。

③去巾：摘去头巾。

④分髻：打开发髻。

[译文]

子弟已举行冠礼还在读书学习的，每个月十天一轮回，挑选已经读过的书籍以及谱图、家范一类的内容让其背诵。第一次不能背下来，摘去头巾一天；第二次还不能背诵，那摘去头巾两天；第三次还不行，就把发髻打开如同未成年时，什么时候能背下来再打上。

[评论]

刺激后进的方法如摘头巾和打开发髻，其实是一种羞辱教育。只有乳臭未干的小孩才不戴头巾、不束发，以小毛孩的装束来羞辱成年人，高明，比体罚要强多了。

71. 女子年及笄者①，母为选宾行礼，制辞字之②。

[注释]

①及笄：古代指女子十五岁可以盘发插笄的年龄，即成年，可以谈婚论嫁。笄，女子头上戴的一种簪子。

②制辞：按照某种格式写成的文字。字：旧时称女子出嫁。

[译文]

女子到了及笄的年龄，母亲为她延请贵客举行及笄之礼，宣读一通女子成年后应如何做人的文辞，可以商议出嫁的事情。

[评论]

及笄之礼，是女孩的成年礼，非常隆重。今天这种礼仪消失了，甚惜。

72. 婚姻乃人道之本①。亲迎、醮啐、奠雁、授绥之礼②，人多违之。今一祛时俗之习③，其仪式并遵《文公家礼》。

[注释]

①人道之本：为人之道的根本。

②亲迎：迎亲，古代婚姻礼仪之一，"六礼"中的第六礼，是新郎亲自迎娶新娘回家的礼仪。《诗经·大雅·大明》："大邦有子，俔天之妹，文定厥祥，亲迎于渭。"醮啐（jiào cuì）：婚礼中饮酒仪式，长辈为晚辈斟酒，晚辈接酒后饮尽，不需回敬。奠雁：古代婚礼，新郎到女家迎亲，献雁为贽礼，称"奠雁"。授绥：绥，挽登车的绳索，女家将新郎新娘送上马车。《礼记·婚义》："降，出御妇车，而婿授绥，御轮三周。"

③时俗：当时习俗。

[译文]

婚姻是为人之道的根本。亲迎、斟酒、上礼、迎归等礼节，人多不举行。今天一概除去时俗习惯，迎亲仪式一并遵照《文公家礼》。

[评论]

俗随时变，礼随时变，时代变化婚礼仪式也得变化，简单的婚礼有何不可，非要恢复古代繁文缛节的婚礼，不可理喻。

73. 婚嫁必须择温良有家法者①，**不可慕富贵以亏择配之义**②。**其豪强、逆乱、世有恶疾者**③，**毋得与议。**

[注释]

①温良：温和善良。家法：家教。

②亏：亏损、玷污。

③豪强：横行、称霸。逆乱：犯上作乱。世有恶疾：家族中有身染重病，或聋、哑、盲、秃、跛之类。

[译文]

娶妻嫁夫必须选择那些温和、善良、有家教的人，不能因为追慕富贵而玷污了婚配的本意。那些横行乡里、犯上作乱、家有残疾的人家，不得与其谈婚论嫁。

[评论]

结婚对象的选择很重要，门当户对就是这个意思，如果婚前没有打听清楚，婚后各种恶习展露出来，婚姻也不会幸福。

74. 立嘉礼庄一所①，**拨田一千五百，世远逐增，别储其租，令廉干子弟专掌，充婚嫁费**②。**男女各谷一百五十石为则**③。

[注释]

①嘉礼庄：浦江郑氏家族的一座庄园。嘉礼是饮宴婚冠、节庆活动方面的礼节仪式，以此取名。

②充：充作。

③则：标准。

[译文]

设立嘉礼庄一所，拨良田一千五百亩（随着时间推移，逐年增加），另辟地方储备这些土地的租谷，派廉洁能干的子弟管理，专门用作婚嫁费用。男女各以一百五十石为标准。

[评论]

专款专用，免去因贫富不均而造成婚嫁经费不足的尴尬。提前为子女婚嫁准备一些费用，还是值得提倡的。

75. 娶妇须以嗣亲为重①，不得享宾②，不得用乐，违者罚之。入门四日，婿妇同往妇家，行谒见之礼③。

[注释]

①嗣亲：养育之恩。《礼记·曾子问》："孔子曰：嫁女之家，三夜不息烛，思相离也。取妇之家，三日不举乐，思嗣亲也。"

②享宾：招待宾客。

③谒见：拜见。

[译文]

娶媳妇应当以报答父母养育之恩为目的，不得大宴宾客，不得使用音乐，违反者处罚。新媳妇进门第四天，新郎新娘必须一同前往女方家，行拜见之礼。

[评论]

娶媳妇为的是什么？娶妻生子，繁衍后代，就是孝道。"不孝有三，无后为大"，即为此理。婚礼最好不要太铺张，婚礼是婚后生活的开始，何必逞一时奢华，给婚后生活带来拮据呢？

76. 娶妇三日，妇则见于祠堂，男则拜于中堂，行受家规之礼。先拜四拜，家长以家规授之，祝其谨守勿失；复拜四拜而去。又以房扁授之①，使其揭于房闼之外②，以为出入观省③，会茶④而退。

[注释]

①房扁：家族分支的匾牌。

②房闼：寝门。

③观省：观看。

④会茶：会聚饮茶。

[译文]

　　结婚第三天，新媳妇到祠堂拜见长辈，新郎在中堂拜见父母，行受家规之礼。先拜四拜，家长传授家规，叮嘱他们谨慎遵守；再拜四拜离开。家长又将一块房匾交给他们，让他们把房匾挂在寝门外面，这样出入都能看到。然后大家一齐饮茶，之后退下。

[评论]

　　结婚三天认大小，这样的仪式使得新娘能很快融入家庭，不至于因为不认大小闹出笑话。民间习俗，延续至今，有其意义。

77. 子孙当娶时，须用同身寸制深衣一袭①，巾履各一事②，仍令自藏，以备行礼之用。

[注释]

　　①深衣：一种特定服饰款式，其上衣、下裳分开裁剪并缝合到一起，有一定的制作规范，类似后来的袍。袭：成套的衣服。
　　②巾履：头巾、鞋子。事：量词，件。

[译文]

　　子孙当娶亲时，需用同身尺寸缝制深衣一套，头巾一块、鞋一双，令他们自己保存，以备日后行礼使用。

[评论]

  结婚以后，还要准备一套行头，在正式场合使用。颇为讲究。

78. 子孙有妻子者，不得更置侧室①，以乱上下之分②，违者责之。若年四十无子，许置一人，不得与公堂坐③。

[注释]

  ①侧室：偏房，小妾。

  ②上下之分：大小的名分。

  ③公堂：家族祠堂等公共场所。

[译文]

  子孙已经有妻子和孩子的，不允许再娶小妾，以免乱了大小名分，违反者要受到责罚。如果过了四十岁还没有孩子，允许娶一个小妾，但是小妾不能到祠堂等家族公共场所与大家同坐。

[评论]

  不要以为古代男人娶三妻四妾是很随便的事情，这是有家规严格制约，乱来是不行的，否则会受到家法惩戒。家规的消失，对和睦家庭的构建是一种损失。

79. 女子议亲①，须谋于众，其或父母于幼年妄自许人

者②，公堂不与妆奁③。

[注释]

①议亲：亦称议婚，中国传统婚礼礼仪之一，商议婚娶的最初阶段，即"六礼"中纳采、问名、纳吉三阶段。由男方派人到女家提亲开始，经过换帖、卜吉、合婚、相亲等程序，到订婚为止。
②自许人：妄自许配他人。
③妆奁：女子梳妆用的镜匣等物，指嫁妆。

[译文]

女孩子议亲选婿，必须由家庭商量决定，其中有父母在女孩很小的时候就私自许配给人的，家族不给嫁妆。

[评论]

家族中儿女对自己的婚姻不能做主，父母也不能做主，必须由家族做主。

80. 女适人者①，若有外甥弥月之礼②，惟首生者与之，余并不许，但令人以食味慰问之③。

[注释]

①适人：出嫁。

②弥月：婴儿出生满一月为弥月。

③食味：品尝滋味，吃食物，在此指食物。

[译文]

女孩子出嫁后，如果遇到外孙满月，只为第一胎举行满月之礼，其他再出生的孩子没有满月礼，但可以派人送一些食品慰问。

[评论]

同是外孙，待遇却不一样。

81. 甥婿初归①，除公堂以礼与之②，不得别有私与，诸亲并同。

[注释]

①甥婿：外孙和女婿。初归：第一次见面。

②与：赠送礼物。

[译文]

外孙和女婿第一次登门，除公堂依礼赠送礼物外，其他的人不得私自赠送，其他亲戚都是如此。

[评论]

家族代替了本人，这样亲情无处展现。

82. 姻家初见①，当以币帛为贽②，不用银斝③。他有馈者，此亦不受。

[注释]

①姻家：联姻的家族或其成员，俗称亲家。
②贽：古代初次拜见尊长所送的礼物。
③银斝（jiǎ）：用白银做的酒器，借指酒席。斝，古代盛酒的器具。

[译文]

亲家第一次见面，当以一定数量的钱币和丝绸为见面礼，不能摆设酒席。亲家另有礼物相赠，也不能接受。

[评论]

缔结亲家，如同一家，初次见面不能摆设酒席，太过死板，不近人情。

83. 丧礼久废，多惑于释、老之说①，今皆绝之。其仪式并遵《文公家礼》。

[注释]

①释、老：释，佛教；老，道教。

[译文]

丧葬之礼荒废已久，大多是受到佛教、道教学说的迷惑，现在统统将其废除。一切丧礼按照《文公家礼》执行。

[评论]

佛道大盛，儒家传统丧礼就没人执行，因为儒家丧礼太烦琐。丧礼不过是追思先人的一种仪式，没有必要太烦琐。孝敬在心，不在表面。

84. 子孙临丧①，当务尽礼，不得惑于阴阳非礼拘忌②，以乖大义③。

[注释]

①临丧：举办丧事。
②阴阳：算卦、占卜等阴阳学说。非礼拘忌：不合礼仪的禁忌。
③乖：违反。

[译文]

子孙举办丧事，一定要完全按照《文公家礼》的要求，不能受阴阳先生的迷惑和不符合礼仪的各种禁忌制约，以免违反常理。

[评论]

　　一切迷信的东西都不能信，丧礼上的各种迷信以及禁忌，不过是为了蒙骗活人，骗些钱财罢了。

85. 丧事不得用乐。服未阕者①，不得饮酒食肉，违者以不孝论。

[注释]

　　①服：服丧。阕（què）：结束。

[译文]

　　丧事不能使用鼓乐。服丧未结束的不能喝酒吃肉，违反者以不孝论处。

[评论]

　　服丧表达对父母思念，哀痛之余还大吃大喝，于情于理都说不过去，当然要反对。

86. 子孙器识可以出仕者①，颇资勉之②。既仕，须奉公勤政，毋蹈贪黩③，以忝家法④。任满交代，不可过于留恋；亦不宜恃贵自尊，以骄宗族。仍用一遵家范，违者以不孝论。

郑氏规范　　079

[注释]

①器识：器量与见识。出仕：做官，从政。

②资勉：资助勉励。

③蹈：涉足。贪黩：贪污。

④忝（tiǎn）：辱没，玷污。

[译文]

子孙中有才能可以做官的，家族应给予资助和勉励。既然做了官，必须克己奉公，勤于政事，不得涉足贪污，以玷污家规。任满离职，不得过分留恋；也不能自以为高贵，对族人盛气凌人。不论在何处，仍然遵循家范规定，违反者以不孝论处。

[评论]

良好的家风必然能够对子孙以后的成长和为人处事产生重要影响。想来许多贪官，出生贫寒，一朝得势，大肆贪腐，与从小没有受到一定家规制约有关系。这一点于今仍有积极意义。

87. 子孙倘有出仕者，当夙夜切切①，以报国为务。抚恤下民②，实如慈母之保赤子；有申理者，哀矜恳恻③，务得其情，毋行苛虐④。又不可一毫妄取于民。若在任衣食不能给者，公堂资而勉之；其或廪禄有余⑤，亦当纳之公堂，不可私于妻孥⑥，竟为华丽之饰，以起不平之心⑦。违者天实临之⑧。

[注释]

①蚤夜：早晚。蚤，同"早"。切切：诚恳、深切意。

②抚恤：安抚体恤。下民：老百姓。

③哀矜：哀怜、怜悯。恳恻：诚恳痛切。

④苛虐：严厉残暴。

⑤廪禄（lǐn lù）：俸禄。

⑥妻孥：妻子和儿女。

⑦不平：不公平。

⑧临：降临。

[译文]

　　子孙倘若外出做官者，应当不分早晚一心想着报效国家。安抚体恤老百姓，就如同慈母爱护自己的儿子一样；有申冤者，一定要有怜悯恻隐之心，务必详查隐情，不能对百姓苛刻残暴。还不能随意盘剥百姓一丝一毫。如果在任时衣食不能自给，家族可以出资补助；他的俸禄有时用不完，也应当上交给公堂，不能私下交给老婆孩子，让他们竞相奢华，从而产生不公平的念想。违反者老天爷迟早会把灾难降到他的头上。

[评论]

　　谆谆告诫，实乃金玉良言。历史上许多大家族之所以长期人才辈出，与良好的家风、家训教育分不开。这一点对今天的为官者具有启发意义。

88. 子孙出仕，有以赃墨闻者①，生则于《谱图》上削去其名，死则不许入祠堂。如果被诬指者则不拘此②。

[注释]

①赃墨：贪污受贿。

②诬指：诬告。

[译文]

子孙外出为官，如果听说有贪污受贿的恶名，活着的时候将其名字从《谱图》上削去，死后不能进入祠堂。（当然如果是被诬告的除外。）

[评论]

中国人素来讲究死后葬入祖坟，如果在外做官，臭名昭著，让你入祖坟，岂不玷污了祖先。不让其入祖坟，从家谱上削去名号，这样的处理至少会震慑一些子弟，对吏风的清正会有一定的帮助。这就是家规的力量，在有些时候比国法还管用。

89. 宗人实共一气所生①，彼病则吾病，彼辱则吾辱，理势然也②。子孙当委曲庇覆③，勿使失所，切不可恃势凌轹④，以忝厥祖⑤。更于缺食之际，揆其贫者⑥，月给谷六斗，直至秋成住给⑦。其不能婚嫁者，助之。

[注释]

①一气所生：一脉所生。

②理势然：道理就是这样。

③委曲：迁就，曲从。庇覆：覆盖，保护。

④恃势凌轹：仗势欺压。

⑤忝厥：辱没。

⑥揆：揣度。

⑦住给：停止供给。

[译文]

同族之人，本来就是一脉所生，同气连枝，他们陷入困境就是我们陷入困境，他们受到侮辱就是我们受到侮辱，道理就是如此。子孙当迁就设法保护他们，不要让他们失去依靠，切切不能仗势欺人以辱没祖上。特别是在青黄不接之际，切实了解那些贫穷人家的情况，每月供给稻谷六斗，直到秋收结束。他们无力承担娶妻嫁女的，也要帮助他们。

[评论]

同宗族人，血脉相连，同宗应该设法保护，谁家有困难，就帮助谁。没有吃的，提供粮食；无财力娶妻嫁女，也设法帮助。不仅仅因为同出自一个老祖先，最重要的是要有怜悯之心，一人富裕，不代表所有人富裕。面对天灾人祸，要有一颗同情心。由一个家族推及整个社会，都是如此。一方有难，八方支援，是我们几千年的传统，应该发扬光大。

90. 为人之道，舍教其何以先？当营义方一区①，以教宗族之子弟，免其束脩②。

[注释]

①营：营造。义方：行事应该遵守的规范和道理，指家教。蔡邕《司徒袁公夫人马氏碑铭》："义方之训，如川之流。"

②免：免去。束脩：十条干肉。古代学生与教师初见面时，必先奉赠礼物，表示敬意，名曰"束脩"，借指学费。《礼记·少仪》："其以乘壶酒、束脩、一犬赐人。"

[译文]

为人之道，舍弃教育还有什么是最重要的？应当建造一处私塾，用于教育本族子弟，并免收学费。

[评论]

认识到教育的重要性，并不惜花费巨资建学堂、聘请先生，为的是让子孙受到良好教育，此壮举可歌可泣。

91. 宗族之无所归者①，量拨房屋以居之。更劝勿用火葬，无地者听埋义冢之中②。

[注释]

①无所归：指没有地方可回，无家可归。归，回来、返回。

②义冢：旧时收埋无主尸骸的墓地。

[译文]

同族中有无家可归的族人，考虑划拨房屋让他们居住。有族人去世，力劝家属不要火葬，没有土地可以下葬的听任他们埋入义冢。

[评论]

接济穷人，是一些大家族一贯的义举，不仅对族人如此，而且对他族的穷人也如此。此为古代的慈善事业，有些做法值得我们今天的慈善机构学习。

92. 立义冢一所。乡邻死亡委无子孙者①，与给槥椟埋之②；其鳏寡孤独，果无以自存者③，时赒给之④。

[注释]

①委：委实、确实。

②槥椟（huì dú）：小棺材，亦泛指棺材。《汉书·成帝纪》："其为水所流压死，不能自葬，令郡国给槥椟葬埋。"

③鳏寡孤独：指没有劳动力而又没有亲属供养、无依无靠的人。《孟子·梁惠王下》："老而无妻曰鳏，老而无夫曰寡，老而无子曰独，

幼而无父曰孤。"

④赒给：周济、给助。《诗经·大雅·云汉》："靡人不周，无不能止。"汉郑玄笺："王以诸臣困于食，人人赒给之，权救其急。"

[译文]

设立义冢一所。乡邻死亡后确实又没有子孙后代埋葬的，提供薄棺材安葬。至于那些无依无靠、又无法自存的人，不断地周济他们。

[评论]

对那些无子女赡养的孤寡老人和孤儿，要有同情心，力所能及提供一些帮助，不至于让他们死无葬身之所，无依无靠。帮助弱者，也是一种美德。

93. 宗人无子，实坠厥祀①，堂择亲近者，为继立之②，更少资之③。

[注释]

①坠：绝，中断。

②继立：继位，继子。宋曾巩《为人后议》："故前世人主有以支子继立，而崇其本亲，加以号位，立庙奉祀者，皆见非于古今。"

③更少：尽力。

[译文]

宗族中有族人无子,面临香火中断的,公堂选择和他血缘比较近的子侄作为继子,并给予适当的资助。

[评论]

无子绝嗣,人生之大不幸,不能让人带着这种遗憾在他人面前抬不起头,家族出面为其选择继子,让其香火延续下去,很有人情味。现在家族观念淡漠,独生子女家庭,很多面临绝嗣,也无所谓,无子不必耿耿于怀,时代在发展,人的观念也在变化。

94. 宗人若寒,深当悯恻①。其果无衾与絮者②,子孙当量力而资助之。

[注释]

①悯恻:哀怜。
②衾:被子。絮:棉花,指棉衣。

[译文]

族人若非常贫寒,应当对他们有怜悯恻隐之心。他们确实没有棉被和棉衣的,子孙应当尽力帮助他们。

[评论]

人一定要有怜悯恻隐之心，对于贫者、弱者，不能熟视无睹，救助弱者，也是一种美德。

95. 祖父所建义祠，盖奉宗族之无后者①。立春祀先祖毕，当令子弟设馔祭之②，更为修理③，毋致隳坏④。

[注释]

①无后：绝嗣，无后代。

②馔（zhuàn）：饮食。

③修理：修整。

④隳坏：毁坏。

[译文]

祖辈所修建的义祠，是用来供奉宗族中没有后代者牌位的。立春祭祀先祖结束后，应当让子孙摆设食品祭祀他们，将他们的牌位加以整理，不要让其毁坏。

[评论]

老吾老以及人之老，祭祀自己的祖先，寻求的是一种心理安慰，怀着的是一种感恩心理。那些没有子女祭祀的，顺便祭祀一下，不也是一种善事？不要做事不关己高高挂起的事情，对别人一点点的帮助，自己也不损失什么，但对别人或许是解燃眉之急。

96. 立春当行会族之礼①，不问亲疏，户延一人，食品以三进为节②。

[注释]

①会族之礼：整个家族祭祀祖先的仪式。

②三进为节：进三次酒为适宜。

[译文]

立春应该举行全族祭祀祖先的仪式，不管远近，每户出一人，敬酒以三进为节制。

[评论]

祭祀祖先，不是一家一户的事情，是全族的事情，通过祭祀祖先将全族力量凝聚在一起。

97. 里党或有缺食①，裁量出谷借之②，后催元谷归还③，勿收其息。其产子之家，给助粥谷二斗五升。

[注释]

①里党：街坊邻居。

②裁量：衡量。

③元谷：原来的稻谷。

[译文]

　　街坊邻居如有缺粮，根据自己的实际情况借给他们稻谷，秋后催促他们仍以稻谷归还，不收利息。谁家生小孩了，提供助粥谷二斗五升。

[评论]

　　远亲不如近邻，街坊邻居出现困难，毫不犹豫帮助，此举不仅有助于搞好邻里关系，也使得乡风淳朴，邻里和睦，带动一方风气。

98. 展药市一区①，收贮药材。邻族疾病，其证章章可验②，如疟痢痈疖之类③，施药与之。更须诊察寒热虚实④，不可慢易⑤。此外不可妄与⑥，恐致误人。

[注释]

　　①展：扩展。

　　②章章：同"彰彰"，非常明显。验：查验，验证。

　　③疟（nüè）：疟疾，本意为一种按时发冷发烧的急性传染病。痢（lì）：中医学病名，古称"滞下"，痢疾。痈（yōng）：一种皮肤和皮下组织的化脓性炎症。疖（jiē），皮肤化脓。

　　④寒热虚实：指病人的具体病症。

⑤慢易：怠忽，轻慢。

⑥妄与：胡乱施舍。

[译文]

　　开辟药店一处，专门收购药材。邻里乡亲如有生病，症状非常清楚的，如疟疾、痢疾、皮肤病等，及时免费施药。更应该认真诊视是受寒还是受热，不敢漫不经心。除此之外，不能随便施舍，以免误医他人。

[评论]

　　生病谁也免不了，大发善心，开药方为乡亲施舍药材、治病救人，确为善人、善举。在过去许多乡绅都曾这样做，带动了一方优良传统。慈善事业，不论大小，都应该值得肯定。

99. 桥圮路淖①，子孙倘有余资，当助修治，以便行客。或遇隆暑②，又当于通衢设汤茗一二处③，以济渴者④。自六月朔至八月朔止。

[注释]

　　①桥圮（pǐ）：指桥塌损坏。圮，倒塌。路淖（nào）：道路泥泞。淖，泥泞。

　　②隆暑：酷热，盛暑。

　　③衢（qú）：四通八达的道路，指交通要道。汤茗：茶水。

④暍（yē）：中暑。

[译文]

桥塌道路泥泞，子孙倘若有剩余的钱财，自当帮助修缮，方便行人。遇到盛夏，酷暑难耐，还应当在交通要道摆上茶水摊一二处，以帮助中暑的人。从六月初一开始到八月初一结束。

[评论]

教导子孙做善事，修路、铺桥、设茶水点，虽非大的善举，却也可以解决问题，莫以善小而不为。只要人人都行善事，这个社会就是一个充满爱的社会。

100. 里党之疴痒疾痛①，吾子孙当深念之。彼不自给，况望其馈遗我乎②？但有一毫相赠，亦不可受，违者必受天殃③。

[注释]

①里党：乡党，邻里。疴（kē）痒：泛指疾病。疴，病。疾痛：疾病疼痛。

②馈遗：馈赠。《史记·孝武本纪》："人闻其能使物及不死，更馈遗之，常余金钱帛衣食。"

③天殃：天降的祸殃。《礼记·月令》："是月也，不可以称兵。

称兵，必天殃。"

[译文]

邻里乡亲的疾病痛苦，我郑氏子孙应当深深挂念。他们自己尚且不能养活自己，又怎能奢望他们馈赠我们？哪怕乡邻有一丝一毫的馈赠，我们也不能接受，违反者，必受到上天惩罚。

[评论]

俗话说远亲不如近邻，除了亲朋好友，邻居乡亲就是最近的人。不管有没有血缘关系，邻里乡亲的疾病痛苦要时时挂念。我们关心他们，不是希望从他们那里得到回报，一丝一毫也不行。只求付出不求回报，此乃人间大爱，值得敬佩。

101. 拯救宗族里党一应等务①，令监视置《推仁簿》②，逐项书之，岁终于家长前会算。其或沽名失实及执吝不肯支者③，天必绝之。此吾拳拳真切之言④，不可不谨，不可不慎。

[注释]

①一应等务：一切事务。

②监视：祠堂执事之一。

③沽名：用不当手段获取名誉。执吝：悭吝不化。

④拳拳：诚恳状。司马迁《报任安书》："拳拳之忠，终不能自列。"

[译文]

拯救本宗族以及乡邻的一切事务，令祠堂监视在《推仁簿》里逐条记载下来，到年终与家长汇总核对。如果有沽名钓誉夸大失实或者吝啬小气不肯支出者，上苍必定会绝其生路。这是我等肺腑之言，不能不小心，不能不慎重。

[评论]

做善事、帮助宗亲以及乡邻，是郑氏家族的门风家规，也是家族能够在乡邻博得美名的关键所在。为家族做善事和帮助乡亲，绝对不能沽名钓誉，也不能吝啬小气。做善事必须出于本心，不能有丝毫杂念。这一点也是我们应该学习的。

102. 子孙须恂恂孝友①，**实有义家气象**②。**见兄长，坐必起，行必以序，应对必以名**③，**毋以尔我**④，**诸妇并同。**

[注释]

①恂（xún）恂：恭敬。孝友：善待父母为孝，善待兄弟为友。

②义家气象：具有高尚道德人家的风范。

③应对必以名：见面打招呼以名字相称。

④毋以尔我：不要用你我相称。尔，你。

[译文]

子孙后代必须赡养父母以孝，兄弟相处友爱，这样才具有孝义人家的风范。见到兄长，弟弟坐着一定要起身，一起行走时要前后有序，见面对话时要称呼对方名字，不能用你我相称。家族女性也必须遵守这一规定。

[评论]

长幼有序，是传统家庭文化的根本。文明礼貌的养成，不在于字面如何规定，而要付诸日常生活中。传统家庭伦理的破坏，或许正是太强调人格的平等，当今家庭成员关系的失序，正是因为对传统家庭秩序的破坏而造成的。

103. 子孙之于尊长，咸以正称①，不许假名易姓②。

[注释]

①咸：都。正称：正式取的名字和字号。
②假名：伪造名字。易姓：改姓。

[译文]

子孙后辈对于长辈，必须都得以正规称呼称之，不得直呼其名，更不能做出改名换姓的事情。

[评论]

如何称呼是一门学问，不论是尊长、同辈还是亲朋，称呼得体与否，显示文化教养如何，文明称呼、礼貌称呼还是值得提倡的。

104. 兄弟相呼，各以其字冠于兄弟之上①；伯叔之命侄亦然②，侄之称伯叔，则以行称③，继之以父；夫妻亦当以字行，诸娣姒相呼并同④。

[注释]

①字：人的别名。《礼记·檀弓》："幼名，冠字。"《礼记·曲礼上》："男子二十，冠而字。"古时男孩出生三个月，即由长辈取名，用于籍册。二十岁成年，再以正名称呼，不敬，故另取字代称。一般名、字的用法，用名多自称，表谦虚；称呼别人用字，表尊敬。

②命侄：称呼侄子辈。

③行：兄弟姐妹间的次序、辈分。

④娣姒（dì sì）：妯娌。兄妻为姒，弟妻为娣。

[译文]

兄弟相称呼，应将对方的字放在兄或弟之前；伯、叔称呼侄子也是这样，侄子称呼伯、叔，必须加上辈分排行，再加上"父"字，如伯父、叔父；夫妻之间亦应当以字、行称呼，家族妯娌之间称呼也是如此。

[评论]

此为郑氏家族成员之间称呼的一般规定，现在社会依然使用，可以看出称呼颇有讲究，也深得人心，可以称为家族文化的一大特色。

105. 子侄年非六十者，不许与伯叔连坐①，违者家长罚之，会膳不拘②。

[注释]

①连坐：连接着坐、挨着坐。

②会膳：当聚餐的时候。

[译文]

子侄即便到了六十岁，也不许和伯、叔长辈平起平坐，违反者由家长处罚，但在家族聚餐时不受此条规范限制。

[评论]

封建大家族等级森严，长辈和晚辈有着不可逾越的鸿沟，长幼界限分明，规范越加明显，少了不少家庭喜气，这一点我们未必一定要复古。长辈和晚辈是一种什么样的关系，值得思考。

106. 卑幼不得抵抗尊长①，一日之长皆是。其有出言不逊、所行悖戾者②，姑诲之。诲之不悛者③，则重棰之。

[注释]

①卑幼：泛指晚辈。卑，晚辈；幼，年龄小。

②所行：规定的道德和行为准则。《礼记·表记》："圣人之制行也，不制以己。"又指德行，宋濂《题汤处士墓铭后》："予观老友陶先生所撰《汤处士墓铭》，叹其制行淳厚。"悖戾（bèi lì）：违逆，暴戾。

③悛（quān）：悔改。

[译文]

晚辈不得顶撞长辈（哪怕是年长一天也是如此）。晚辈中如果有出言不逊、行为暴戾有损道德准则的人，姑且加以教育。教育之后仍不思悔改的，那就要用鞭子重重责罚。

[评论]

《郑氏规范》典型表现了传统家庭森严的等级关系，家法成为家庭之法，长辈可以随意惩罚晚辈，打骂子女的陋习不是一朝一夕形成的，有着千年传统。这一点当不可取。

107. 子孙受长上诃责①，不论是非，但当俯首默受，毋得分理。

[注释]

①诃责：大声训斥。

[译文]

子孙受到尊长或长辈的大声责骂，不论对错，都应该俯首接受，不许分辩。

[评论]

多么霸道的家法，作为晚辈对长辈的批评，不管对错，都得低头接受，还不许分辩。是非曲直，只有在辩论后才能清楚，怎么能不给人家分辩的机会？这种教育，除了培养逆来顺受的性格，再就是压抑了人的本性。这一点在现代家庭教育中，不值得提倡。

108. 子孙固当竭力以奉尊长①，为尊长者亦不可挟此自尊。攘拳奋袂②，忿言秽语③，使人无所容身，甚非教养之道。若其有过，反覆谕戒之④；甚不得已，会众棰之，以示耻辱。

[注释]

①固当：本来应该。

②攘拳奋袂：举起拳头，挣起袖子。

③忿言秽语：恶语脏话。

④谕戒：开导劝诫。

[译文]

　　子孙本来就应当竭尽全力侍奉尊长，作为尊长也不能以尊长的身份和地位来挟持子孙。动不动就举起拳头、捋起袖子，而且口中恶言恶语、开口就脏话不断，使他人无所适从，这绝对不是教养之道。如果人家有错，尊长就好好不断开导、劝诫；只有到不得已的情况下，才可以当众用鞭子教训他，让他感到耻辱。

[评论]

　　尊长如何才能起到尊长的作用，《郑氏规范》提出了很深的见底。后世社会，多有为老不尊、倚老卖老者，就是没有摆正自己的身份和位置，没有给后辈起到带头示范作用，又怎能得到晚辈的尊重？如何做一个合格的尊长，值得我们深思。

109. 子孙黎明闻钟即起①。监视置《凤兴簿》，令各人亲书其名，然后就所业。或有托故不书者，议罚。

[注释]

　　①闻钟即起：听到起床的钟声就起床。

[译文]

　　子孙黎明时分听到起床的钟声就立即起床。监视放一本《凤兴簿》，命令每个人亲自在上面写上自己的名字，然后各自从事各自的工作。假如有借故不签名的，就要商议如何处罚。

[评论]

这或许就是现代上班签名、打卡的翻版，也许是为了显示家庭严格的规矩，不知道这样做有何意义。

110. 子孙饮食，幼者必后于长者。言语亦必有伦①，应对宾客②，不得杂以俚俗方言③。

[注释]

①伦：次序。

②应对宾客：接待宾客。

③俚俗方言：俚俗，民间粗俗，不雅之俗；方言，地方语。

[译文]

子孙在就餐时，年幼者必须排在年长者之后。说话也一定要有次序，接待宾客，不能夹杂一些粗俗不雅的语言和地方话。

[评论]

长幼有序，必须从小就开始，次序很重要，大让小的传统家教，对年幼者来说未必是好事，这一点今天的家教可以借鉴一二。

111. 子孙不得谑浪败度①、免巾徒跣②。凡诸举动，不宜掉臂跳足以蹈轻儇③。见宾客亦当肃行祇揖④，不可参差错乱⑤。

[注释]

①谑（xuè）浪：戏谑放荡。败度：败坏法度。《尚书·太甲中》："予小子不明于德，自底不类，欲败度，纵败礼，以速戾于厥躬。"

②免巾徒跣：摘掉头巾，光着脚。巾，头巾；徒，光着；跣（xiǎn），赤脚。

③掉臂跳足：手舞足蹈。轻儇：不庄重，轻佻之意。

④肃行祇揖（zhī yī）：肃行，行为恭敬；祇揖，见面时向对方行肃拜之礼。宋王谠《唐语林·补遗四》："凡入门至食，凡数揖。祇揖者，古之肃拜也。"

⑤参差错乱：混乱，没有顺序。

[译文]

子孙不得行事放荡，做事不能违反规定，不能去掉头巾、不穿鞋光着脚。各种举动，不能手舞足蹈让人感到轻浮不端庄。会见来客严肃恭敬，见面送客都要作揖以示恭敬，不能错乱，让人笑话。

[评论]

此为郑氏家族对子孙行为处事、待人接物等个人修养的教诲，对一个人的品行的培养很有意义,犹值得今天的年轻人学习。

112. 子孙不得目观非礼之书①,其涉戏谑淫亵之语者②,即焚毁之,妖幻符咒之属并同③。

[注释]

①非礼之书:不符合儒家礼仪的书籍。

②戏谑:用诙谐有趣的话开玩笑、取笑。宋张世南《游宦纪闻》卷二:"蜀昔有术士,精于谈天,尤善戏谑。"淫亵(xiè):淫荡猥亵。

③妖幻:怪异的幻术。符咒:道士的符箓咒语。

[译文]

子孙不能看不符合儒家礼仪的书籍,书中只要有涉及戏谑淫荡的语言,立刻烧掉。骗人的妖幻、道士的符箓咒语等都与此相同。

[评论]

"书中自有黄金屋""书中自有颜如玉",一本内容健康的书,对一个人的成长可以起到很好的作用;一本低俗、庸俗的书,同样对一个人的心灵起到不可低估的腐蚀作用。读什么书很重要,选择什么、舍弃什么,对学生的成长不容忽视。

113. 子孙不得从事交结①,以保助闾里为名而恣行己意②,遂致轻冒刑宪③,堕圮家业④。故吾再申言之,切宜刻骨。

[注释]

①交结:往来交际、勾结。

②保助闾里:保护乡里。闾里,乡里。恣行己意:任意妄为。

③轻冒刑宪:轻易冒犯国家法令。刑宪,法令。

④堕圮:倾坍;倒塌。指毁坏。

[译文]

子孙不得与社会上人相互勾结,拉帮结派,以保护乡里的名义恣意妄为,以致轻易冒犯国家法令,导致家业衰败。所以我再三申明这一点,你们一定要刻骨铭记。

[评论]

如何做人,不同的家教有不同的结果,《郑氏规范》提出的如何做人、行事的原则,于今还是有一定的积极作用,我们当重视之。

114. 子孙毋习吏胥①,毋为僧道②,毋狎屠竖③,以坏乱心术。当时以"仁义"二字铭心镂骨,庶或有成④。

[注释]

①吏胥：地方官府中掌管簿书案牍的小吏。

②僧道：僧，和尚；道，道士。

③狎：亲近而态度不庄重。屠竖：屠夫，指没有地位和教养的人。

④庶或：或许。

[译文]

子孙不得学习官府小吏的龌龊手段，不得出家为僧人、道士，不得和无良小人亲密往来，这些会坏乱人心。当时时以"仁义"二字铭心刻骨，或许前途有成。

[评论]

在封建时代，"仁义"是所有教育的核心，是人成为君子、小人的分界线。今天道德颓废，传统尽失，某种意义上可能就是人们不讲"仁义"所致。

115. 广储书籍，以惠子孙①，不许假人②，以致散逸。仍识卷首云："义门书籍，子孙是教③；鬻及借人④，兹为不孝。"

[注释]

①惠：惠及。

②假：借。

③子孙是教：以此教育子孙。

④鬻：卖。

[译文]

大量收藏书籍，以便造福子孙。书籍不允许借给他人，以免丢失。还要在每部书的卷首做出标记："义门书籍，子孙是教；鬻及借人，兹为不孝。"

[评论]

收藏书籍，教育子孙，固然可嘉。但不允许借给他人，并把借书于人视为不孝之举，就有点小家子气。收藏的书籍除了家族子孙阅读学习外，让更多的外姓人能阅读不是更好？仅仅怕丢失就不借给他人阅读，实在有些牵强。

116. 延迎礼法之士①，庶几有所观感②，有所兴起。其于学问，资益非小。若哤词幻学之流③，当稍款之④，复逊辞以谢绝之⑤。

[注释]

①延迎：延请迎接，重金聘请意。清唐孙华《茗上张子宏挽诗》："居停有张氏，族大盛亲姻。延迎请受业，具礼肃主宾。"礼法之士：精

通礼仪法度的读书人。

②庶几：或许可以。观感：观看而引起感动。

③哤（máng）词：杂乱无章的语言。

④款：款待。

⑤逊辞：委婉的话语。

[译文]

　　延请懂得礼仪法度的读书人为师，子孙或许可以受到启发，学业有所进步。他们对于子孙的求知，帮助还是不小的。像那些语言杂乱无章、只能教小孩识字描红的先生，也应当稍稍加以款待，再用委婉的话语谢绝他们就是。

[评论]

　　"师者，所以传道授业解惑也。"一个好的老师，对学生的学识、人品修为有极大帮助；一个学识不高的老师，对学生的帮助也就可想而知。名师出高徒，拜什么样的人为师尤显重要。

117. 小儿五岁者，每朔、望参祠讲书①，及忌日奉祭②，可令学礼。入小学者当预四时祭祀③。每日蚤膳后，亦随众到书斋祗揖。须值祠堂者及斋长举名④，否则罚之；其母不容者⑤，亦罚之。

郑氏规范

[注释]

①参祠讲书：参与祠堂听人讲书。

②忌日奉祭：长辈去世之日所举行的祭祀活动。

③预：参与。

④值：值日，当班。斋长：私塾的管事者，泛称塾师。

⑤容：督促。

[译文]

子弟中满五岁的小孩，每月初一、十五要参加祠堂的讲书活动，到了家族先人忌日祭祀时，令他们参加学习祭祀礼仪。（进入小学学习者当参加四时的祭祀活动。）每天早餐后也要随其他子弟到书斋行祗揖礼。必须在祠堂值日也要向塾师说明情况，否则就要受到责罚；若他的母亲不加督促，也要受到责罚。

[评论]

耳濡目染，从小就受到各种规范的熏陶，知道该干什么，不该干什么，良好的品德从小养成。

118. 子孙自八岁入小学，十二岁出就外傅①，十六岁入大学②，聘致明师训饬③。必以孝弟忠信为主，期底于道④。若年至二十一岁，其业无所就者⑤，令习治家理财。向学有进者不拘。

[注释]

①外傅：古代贵族子弟至一定年龄，出外就学，所从之师称外傅。《礼记·内则》："十年，出就外傅，居宿于外，学书计。"

②大学：太学。《汉书·礼乐志》："古之王者莫不以教化为大务，立大学以教于国，设庠序以化于邑。"

③聘致明师训饬：聘致，聘请；明师，学问高深的老师；训饬，教训诫勉。

④期底：期望达到。

⑤就：成功。

[译文]

子孙从八岁开始入学学习文字、音韵等，十二岁外出拜师学习，十六岁入大学学习道德教化，聘请名师加以辅导。学习的内容以孝悌忠信为主，期望学到为人处世的真谛。如果到了二十一岁，在学业上无所成就，就让他学习治家理财的本领。学业上进者不受此限制。

[评论]

"学而优则仕"，郑氏家族注重子弟的培养，可谓用心良苦。读书入仕和治家经商同样重要，没有一味屈从读书，而是根据子弟个人修为制定不同的发展路径，可谓很有眼光。这一点于今仍有启发作用。

119. 子孙年十二，于正月朔则出就外傅。见灯不许入中

门①，入者棰之。

[注释]

①见灯：看见灯光，意即天色已晚。中门：院落正中的大门，住宅的第二进门，连接前院与后院或者客厅与内室。

[译文]

子孙到了十二岁，在正月初一必须外出拜师学习。回来时天色已晚，不许进入中门，否则以鞭抽之。

[评论]

过去官宦人家规矩甚多，十二岁的小孩外出学习，回来晚一点，就不许进入中门，担心扰乱别人的休息，进入中门还要挨打，比较残忍。这虽然利于培养小孩遵守既定的作息制度的习惯，但未免过于专制。

120. 子孙为学，须以孝义切切为务①。若一向偏滞辞章②，深所不取③。此实守家第一事，不可不慎。

[注释]

①切切：务必，必须。

②偏滞：拘泥而不知变通，意味偏重。

③深：实在，十分。

[译文]

子孙读书学习,一定要以孝顺仁义作为学习的第一要务。如果一贯沉迷诗词歌赋,实在是不可取。这实在是守家的头等大事,不能不慎重。

[评论]

读书学习,只注重儒家的伦理道德,而轻视诗词歌赋,教育比较功利。古代教育以儒家经典为内容,目的是科举,或怎样为人处事,除了儒家经典,其他知识无关紧要,这就是功利。正如现在的学校教育,重视高考分值重的学科,分值轻或不考的学科则不重视,这同样为功利教育。

121. 子孙年未二十五者,除绵衣用绢帛外①,余皆衣布②。除寒冻用蜡屐外③,其余遇雨皆以麻屦④。从事三十里内并须徒步。初到亲姻家者不拘⑤。

[注释]

①绢帛:丝织物,比较贵重。

②衣布:穿粗布衣。

③蜡屐:涂蜡的木屐,能防雨水。

④麻屦:粗麻制成的鞋子。

⑤拘:限制。

[译文]

　　子孙未满二十五岁的，除日常所穿的棉衣用丝帛制作外，其余的都是粗布衣服。除寒冬腊月穿防雨水的蜡屐外，其他的即便遇下雨也只能穿用粗麻做成的鞋子。外出办事三十里内必须徒步。第一次到岳父家不受限制。

[评论]

　　大户人家，节俭持家是很多人家的门风，这种家风值得肯定和学习。攀比富贵，纵欲享乐，人生之大忌。

122. 子孙年未三十者，酒不许入唇；壮者虽许少饮①，亦不宜沉酗杯酌②，喧哗鼓舞③，不顾尊长，违者棰之。若奉延尊客，惟务诚悫④，不必强人以酒。

[注释]

　　①壮者：年三十为壮。

　　②沉酗杯酌：沉湎酒杯，指酗酒。

　　③喧哗：大声喧哗、精神亢奋，指耍酒疯。

　　④诚悫（què）：诚实。

[译文]

　　子孙年不满三十岁的，酒不许入嘴唇；男满三十岁后虽然允许稍喝一点，也不应该沉迷酒杯，喝多狂躁耍酒疯，不顾及尊长的心情，违反者鞭抽之。如果奉命招待宾客，唯有诚心诚意招待，不必强迫人家喝酒。

[评论]

少饮酒有益健康，饮酒是社交必须，但酗酒成性，有伤风化，此条家规对饮酒的限制值得借鉴。

123. 子孙当以和待乡曲①，宁我容人②，毋使人容我。切不可先操忿人之心③；若屡相凌逼④，进进不已者⑤，当理直之⑥。

[注释]

①和：和气、和睦。乡曲：乡亲。唐卢照邻《益州至真观主黎君碑》："乡曲争持钱帛，竞施珍宝。"

②容：容纳。

③忿人之心：怨恨别人的心情。

④凌逼：欺凌威逼。

⑤进进不已：无休止，不罢休。

⑥直：同"质"，抗争。

[译文]

子孙应该和善对待乡亲，宁肯我包容别人，也不要让别人来包容我。万万不可先对别人怀有怨恨的心情；如果对方总是咄咄逼人，不肯罢休，则应当理直气壮与之争辩。

[评论]

宁人负我，我不负人，这是儒家文化中处理人与人关系的核心。在与别人的交际中，不能先愤恨别人，但面对别人的咄咄逼人、胡搅蛮缠，也要敢于以理服人。刚柔相济的待人原则，依然对今天我们处理人际关系有助益。

124. 秋成谷价廉平之际①，籴五百石②，别为储蓄；遇时缺食③，依元价粜给乡邻之困乏者④。

[注释]

①廉平：价格低廉。

②籴（dí）：买入。

③时：青黄不接的时候。

④粜（tiào）：卖出。

[译文]

秋天粮食丰收价格低廉时，买入五百石，另外储藏起来；一旦遇到青黄不接粮食短缺时，再按照原价卖给乡邻生活困难者。

[评论]

低价买入,原价卖出,一出一进,家族的善举就彰显出来,没出一根毫毛,就是利用时间差,博得善举美名。这也是另外一种慈善事业,总比趁火打劫的商人要好得多。

125. 子孙不得惑于邪说①,溺于淫祀②,以邀福于鬼神③。

[注释]

①邪说:荒谬有害的言论。《孟子·滕文公下》:"我亦欲正人心,息邪说,距诐行,放淫辞,以承三圣者。"

②溺于淫祀:溺,沉迷;淫祀,不合乎儒家礼制的祭祀。

③邀福:祈求赐福。

[译文]

子孙不得受有害言论的蛊惑,不得沉溺于不合儒家礼制的祭祀,更不能向鬼神祈求赐福。

[评论]

子孙的言行必须符合儒家规范,也是官府颁布的规范,除了正统教育和规范,其他一概摒弃。这是防止子孙受不良思想和社会风气影响,对人生成长有害。此一点尤值得借鉴。现在社会上许多不健康的思想和风气对孩子的成长有很大影响,家长应该关注。

126. 子孙不得修造异端祠宇①,妆塑土木形像②。

[注释]

①异端祠宇:异端,儒家之外的学说、学派;祠宇,祠堂、神庙。

②妆塑:装饰和塑造。

[译文]

子孙不得修造不合儒家正统的祠堂和神庙,不能装饰和雕塑泥塑、木雕的鬼神形象。

[评论]

教育子孙除了儒家正统,不敬神事鬼。不许子孙进行迷信活动,有一定积极作用。

127. 子孙处事接物,当务诚朴①,不可置纤巧之物②,务以悦人③,以长华丽之习④。

[注释]

①诚朴:真诚朴实。

②纤巧之物:细巧的物件。

③悦人:取悦于人。

④华丽:豪华美丽。

[译文]

子孙处事以及待人接物方面,应当真诚朴实,不能摆设一些细巧物件,用以取悦别人,以此助长追求奢华的风气。

[评论]

待人要朴实、真诚,不要沾染讨好、巴结别人的习气,助长攀比、享乐的不良风气。这样的家教值得借鉴。

128. 子孙不得与人眩奇斗胜两不相下①。彼以其奢②,我以吾俭③,吾何害哉④!

[注释]

①眩奇斗胜:与别人炫耀新奇,赛出高下。两不相下:互不相让。

②奢:奢侈。

③俭:俭朴。

④害:妨害。

[译文]

子孙不得和别人炫富斗气互不相让。别人奢侈别人的,我们俭朴我们的,这对我又有什么妨害呢?

郑氏规范

[评论]

俭朴是持家的优良传统，即便生活条件再好，也应该保持这一传统。这值得当代许多家庭学习，给子女提供太优厚的生活条件，娇惯子女"炫富""夸富"只会害了子女。

129. 既称义门，进退皆务尽礼。不得引进倡优①，讴词献技②，娱宾狎客③，上累祖考之嘉训④，下教子孙以不善。甚非小失，违者家长棰之。

[注释]

①倡优：娼妓和优伶的合称。

②讴词：唱曲。

③娱宾狎客：使来宾欢愉，亲昵客人。

④嘉训：善言，有益的话。

[译文]

既然称为义门，那么言行举止必须合乎礼仪规范。不得招引社会上的娼妓和乐舞艺人，用靡靡之音和色相来使客人欢愉，这样做的后果上连累祖先的善言，下唆使子孙做不好的事情。这绝非小的过失，违反者家长鞭抽之。

[评论]

　　义门自有义门的规矩，这些规矩都必须合乎礼仪。尤其是针对子孙不得招引娼妓和歌舞艺人，更不能用声色娱乐招待客人，就是怕子孙受社会不良风气影响，品行受污，败坏门风。现代人应借鉴之。

130. 家业之成，难如登天，当以俭素是绳是准①。惟酒器用外，子孙不得别造②，以败我家风。

[注释]

　　①俭素：俭省朴素。宋司马光《训俭示康》："众人皆以奢靡为荣，吾心独以俭素为美。"绳：标准，法则。准：古代测量水平的仪器，借指法则。

　　②别造：另外制造。

[译文]

　　成就一份家业，比上天还难，应当以俭省朴素作为持家的标准。除了统一制作的酒器外，不得另行制造其他器皿，以防败坏家业。

[评论]

　　创业难，守业更难。许多家业中败，多败在奢侈浪费上。

131. 俗乐之设①，诲淫长奢②，切不可令子孙听，复习肄之③，违者家长棰之。

[注释]

①俗乐：世俗的音乐，与"雅乐"对称，泛指各种民间音乐。

②诲淫长奢：诲，引导、教导；长，通"涨"，助长。

③复习：多次练习、体验。肄：练习、学习。

[译文]

世俗音乐戏曲，引诱人们沾染淫秽奢侈的习气，万万不能让子孙倾听，更不能反复体验和练习，违反者家长鞭打惩罚。

[评论]

民间的流行音乐，未必都是坏人心智，助长骄奢淫欲，此条家规较武断。除了正统音乐，了解一点民间流行音乐，对子孙也有益处。

132. 棋枰、双陆、词曲、虫鸟之类①，皆足以蛊心惑志②，废事败家③，子孙当一切弃绝之④。

[注释]

①棋枰：棋盘、棋局，指围棋。双陆：古代博戏用具。是一种棋盘游戏，棋子的移动以掷骰子的点数决定，首位把所有棋子移离棋盘的玩者可获得胜利。词曲：词和曲的并称，词和曲都是先有了调子，再按它的节

拍，配上歌词来唱的。虫鸟：昆虫和鸟类，泛指斗鸡、斗蟋蟀之类。

②蛊心惑志：迷惑人心。

③废事败家：耽误正事，败坏家业。

④弃绝：抛弃。

[译文]

下棋、玩双陆、吟唱词曲、执迷虫鸟等，都足以迷惑人心，耽误正事，败坏家业，郑氏子孙当一概抛弃。

[评论]

游戏以及其他爱好，可以培养一个人的多方面情趣，未必都是坏事，但沉迷其中，不务正事，就有些过分，不分青红皂白一概摒弃，有些绝对化。

133. 子孙不得畜养飞鹰猎犬①，专事佚游②，亦不得恣情取餍③以败家。违者以不孝论。

[注释]

①畜养：饲养。

②佚游：安乐游玩。佚，通"逸"。

③恣情取餍（yàn）：任意满足私欲。餍，满足。

[译文]

子孙不得饲养飞鹰猎犬,一门心思贪图游玩;也不可任情贪求一己之私欲,以此败坏家业。违反者以不孝论处。

[评论]

不务正业,贪图游玩,当然应该反对。

134. 吾家既以孝义表门①,所习所行②,无非积善之事。子孙皆当体此③,不得妄肆威福④,图胁人财⑤,侵凌人产⑥,以为祖宗植德之累,违者以不孝论。

[注释]

①表:旌表,指朝廷赐匾表扬。

②所习所行:指家族风尚和所做的事情。

③体:体会,领悟。

④妄肆威福:任意妄为,作威作福。

⑤图胁人财:图谋别人的财产。

⑥侵凌人产:侵吞他人的资产。

[译文]

我们家族既然以"孝义"受到旌表,家风和所做的事情,无非都是积善。子孙应当深深体悟到这一点,不得任意妄为、作威作福,不得图谋别人的财物，侵吞他人的资产，不要让祖宗所积名誉受到玷污，违反者以不孝论处。

[评论]

不管出身如何，也不管家财几许，都不能以权势、地位作威作福，胡作非为。这一点值得今人借鉴。

135. 子孙受人贽帛①，皆纳之公堂，后与回礼②。

[注释]

①贽帛：礼品、礼物。

②回礼：回赠礼品。

[译文]

子孙接受他人的礼物，统统交到公堂，之后再由公堂回赠人家礼物。

[评论]

代表家族行事，收到礼物或者回赠礼物不是个人的事，而是代表家族，绝不可变为私产私受。个体如果代表单位与人交往，别人送的礼物本应交公。若变为个人私有，就是贪污，这种行为甚不可取。

136. 子孙不得私造饮馔①，**以徇口腹之欲**②，**违者姑诲之；诲之不悛，则责之。产者、病者不拘**③。

[注释]

①私造饮馔：私自做饮食。饮馔，饮食。晋干宝《搜神记》卷十六："（秦女）命东榻而坐，即治饮馔。"

②徇（xùn）：满足。

③产者：产妇。

[译文]

子孙不得私自开小灶做菜做饭来满足自己的口腹欲望，对初次违反者加以教育；教育之后不知悔改，那就要责骂批评。（产妇、生病者除外。）

[评论]

集体生活就是培养大家的集体观念和团体精神，岂能为了一己私欲，私开小灶，集体观念何在？如果人人都为自己考虑，集体岂能长存？

137. 凡遇生朝①，**父母舅姑存者**②，**酒果三衍**③；**亡者则致恭祠堂，终日追慕**④。

[注释]

①生朝：生日。宋辛弃疾《渔家傲》词序："因其生朝，姑摭二事为词以寿之。"

②舅姑：公婆。

③酒果：酒馔果品。

④追慕：追念。

[译文]

凡是遇到父母、公婆生日，父母、公婆还健在的，要准备丰盛的酒馔果品；父母、公婆去世的，则到祠堂摆上祭品，终日追念。

[评论]

给父母过生日，是对父母的感恩，也是孝道的具体表现。人如果不知道感恩，将与禽兽无异。这一传统，应永远传承下去。

138. 寿辰既不设筵①，所以袜履，亦不可受，徒蠹女工②，无益于事。

[注释]

①筵：酒席。

②徒蠹（dù）：白白浪费。蠹，侵蚀，消耗。

[译文]

父母的寿辰既然不摆筵席,那么所送来的鞋袜也不能接受,白白浪费妇女的工作,对延年益寿没有一点好处。

[评论]

中国人给父母做寿,非常隆重和讲究,没有寿宴就不为做寿,因为做寿,不仅所有子女参加,还要告知所有亲朋。祝寿要的是一种仪式,一种感恩的仪式。

139. 家中燕飨①,男女不得互相献酬②,庶几有别。若家长、舅姑礼宜馈食者不拘③。

[注释]

①燕飨:设宴款待。燕,同"宴"。

②献酬:饮酒时主客互相敬酒。

③馈:赠。

[译文]

家中设宴款待,男女不允许互相敬酒,应该男女有别。(如果家长、公婆根据礼仪需要回赠敬酒的例外。)

[评论]

男女有别，当然不能互相敬酒。既然是一家人，又有何妨？今天比古代进步不少。但酒酣多丑态，这一点应该注意。

140. 各房用度杂物①，公堂总买而均给之，不可私托邻族，越分竞买鲜华之物②，以起乖争③。

[注释]

①各房：家族的各分支。用度：计算使用。
②越分竞买：超越规定的标准，竞相购买。鲜华：新鲜美味。
③乖争：不正常的争论。

[译文]

家族各房所用的各种杂物，公堂一并购买，然后平均分给各支，不允许私下委托邻居超越标准购买一些新鲜美味的东西，以引起不必要的争吵。

[评论]

大家庭生活，公平为第一要务，甚难。家庭矛盾，尤其是子女较多的家庭，不公、父母偏心多引起矛盾和隔阂，这一点当父母的应知晓，力求公平。

141. 家众有疾，当痛念之，延良医以救疗之①。

[注释]

①延：请。

[译文]

家族成员有人生病，应该表示痛惜挂念，并请好的医生加以治疗。

[评论]

不论是家人还是朋友，人在生病或遇到其他困难时，精神慰藉少不了，这也是展示亲情、友情的关键时候。

142. 居室既多，守夜当轮用已娶子弟①，终夜鸣磬以达于旦②，仍鸣小磬，周行居室者四次③。所过之处，随手启闭门扃④，务在谨严，以防偷窃。有故不在家者，次轮当者续之。

[注释]

①轮用：轮流。已娶：已经娶妇，指结婚。

②磬：古代用玉、石、金属制成的曲尺形的打击乐器，可悬挂。

③周行：四周巡逻。

④启闭门扃（jiōng）：启，开；闭，关；门扃，房门、门扇。

[译文]

房屋既然这么多，守夜值班当由已婚子弟轮流，从天黑到天亮不停敲磬加以警戒，然后再敲小磬绕着房屋转四次。所过各处，都要随手关好门扇，一定要小心，以防小偷偷窃。有事不在家的，下一轮该当值的时候续上。

[评论]

不论是大家族、小家族，还是每一个单位，安全意识应该放在第一位，确保人身、财产安全。

143. 防虞之事①，除守夜及就外傅者②，别设一人，谨察风烛③，扫拂灶尘④。凡可以救灾之具，常须增置，若油篮系索之属⑤。更列水缸于房闼之外⑥，冬月用草结盖⑦，以护寒冻。复于空地造屋，安置薪炭。所有辟蚊蒿烬亦弃绝之⑧。

[注释]

①防虞：谓防备不虞之患。虞，忧虑，忧患。

②外傅：出外拜师就学。

③风烛：风中之烛。

④灶尘：灶台的灰尘。

⑤油篮系索：油篮，装油的工具；系索，绳索。

⑥房闼：寝室、闺房。

⑦冬月：农历十一月。

⑧辟蚊蒿烬：驱蚊子的蒿草余灰。

[译文]

安全防备之事，除守夜和外出求学者外，另设一人，专门小心察看风中蜡烛，打扫灶台的余灰。凡是可以用来救灾的工具（像油篮绳索之类），必须经常添置。另外在房门外面排列一些水缸（十一月用草结盖，以防结冰），再在空地上盖一间房，堆放木炭。所有驱蚊子烧的蒿草灰必须除净。

[评论]

安全无小事，一个单位除了有安全责任目标外，还必须落实到人，防患于未然。

144. 旱暵之时①，子弟不得吝惜陂塘之水②，以妨灌注③。

[注释]

①旱暵（hàn）之时：旱暵，不雨干热。《周礼·地官·舞师》："教皇舞，帅而舞旱暵之事。"

②吝惜：舍不得，顾惜。陂塘：水塘，池塘。

③灌注：灌溉。

[译文]

大旱不雨时，子弟不得舍不得池塘的水，以妨碍灌溉。

[评论]

　　面对天灾，要顾全大局，要舍得自己的眼前利益，顾全大家的利益。舍小家为大家。

145. 诸妇必须安详恭敬①，奉舅姑以孝，事丈夫以礼，待娣姒以和。无故不出中门②，夜行以烛，无烛则止。如其淫狎③，即宜屏放④。若有妒忌长舌者⑤，姑诲之；诲之不悛，则责之；责之不悛，则出之⑥。

[注释]

　　①安详恭敬：安详，稳重；恭敬，端庄有礼貌。

　　②中门：内、外室之间的门。

　　③淫狎：轻浮，下流。

　　④屏放：隔离。

　　⑤长舌：好说闲话，拨弄是非。

　　⑥出：撵出去。

[译文]

　　家族媳妇必须稳重恭敬，伺候公婆以孝，侍奉丈夫以礼节，对待姒娌以和睦。无故不得迈出中门，晚上行走必须持蜡烛，没有蜡烛就不出门。如果有淫荡下流者，立即将她们隔绝。如果有嫉妒好说闲话、搬弄是非者，姑且进行教育引导；教育引导后还不改，就要批评指责；批评指责

郑氏规范

后还不改，那么就把她们赶出家门。

[评论]

旧时女性在家庭的地位很低，被各种礼制束缚，没有一点人身自由。虽说封建时代的礼制束缚了女性，有一点我们也应该看到，女性的不自由、受管制与家庭的安定和睦有一定的关系。所以不管男性还是女性，被社会、家庭的规范制约，坚守做人的底线，有益于家庭和睦、社会和谐。

146. 诸妇谍言无耻及干预阃外事者①，当罚拜以愧之。

[注释]

①谍：通"喋"。阃外：家庭之外。

[译文]

家族媳妇话多且轻浮无耻以及干预家族事务者，应当罚其跪拜，使其感到羞愧。

[评论]

女性不能干预家族事务，在家庭没有地位可想而知，是家庭成员却不能发表自己的意见；谈了自己的看法，还要受到惩罚。难怪"五四"要反封建了，封建社会女性的地位确实太低。

147. 诸妇初来,何可便责以吾家之礼①?限半年,皆要通晓家规大意。或有不教者,罚其夫。

[注释]

①责:责怪。

[译文]

新媳妇初来乍到,怎么能责怪人家不懂我们的家规呢?以半年为限,要让她们通晓我们家规的大意。其中有没有受到教导的,就要惩罚她的丈夫。

[评论]

新媳妇难当。首先必须通晓婆家的家规,伺候老的,伺候小的,还得熟记家规,受各种规范制约,小媳妇就是这样炼成的。

148. 初来之妇,一月之外,许用便服①。

[注释]

①便服:日常穿的衣服。

[译文]

新媳妇刚进门,一月之外,允许穿便服。

[评论]

　　对初来乍到的新媳妇略有照顾，也是人之常情。

149. 诸妇服饰，毋事华靡①，但务雅洁②。违则罚之。更不许其饮酒，年过五十者不拘。

[注释]

　　①华靡：华丽奢靡。
　　②雅洁：大方整洁。

[译文]

　　所有妇女的服饰，不得追求华丽奢靡，只求大方干净就可以。违反者就要受到处罚。更不允许女性饮酒，年过五十不受此限制。

[评论]

　　家族女性不许穿华丽衣服，不许喝酒。女人有爱美之心，穿些时尚的衣服有什么不好？

150. 诸妇之家，贫富不同，所用器物，或有或无。家长量度给之①，庶使均而无怨。

[注释]

①量度：考量、考虑。

[译文]

每家媳妇因娘家经济条件不同，贫富不均，所陪的嫁妆以及各家所用的器物，有的有，有的没有。这一点家长需通盘考虑适当供给，但愿能使各妇用度平均而无怨言。

[评论]

这就是大家庭的好处，平均供给。做家长的要一碗水端平，在很多家庭，婆媳矛盾在于不公平，厚此薄彼，是矛盾的根源。

151. 诸妇主馈①，十日一轮，年至六十者免之。新娶之妇，与假三月②；三月之外，即当主馈。主馈之时，外则告于祠堂，内则会茶以闻于众③。托故不至者，罚其夫。膳堂所有锁钥及器皿之类，主馈者次第交之④。

[注释]

①主馈：旧时指妇女主持烹饪等家事。

②假：假期，指婚假。

③会茶：聚会饮茶。

④次第：依次，按照顺序一个接一个。

郑氏规范

[译文]

各家主妇掌管烹饪事宜，十天一轮换，年满六十岁者免去。新娶的媳妇，给假期三个月；三个月之后，就要担任主馈。担任主馈时，对外向祠堂禀告，对内在聚会饮茶时告知大家。故意找借口不到者，要处罚她的丈夫。厨房、餐厅所有的钥匙和各种器皿，主馈者依次清点交接。

[评论]

新媳妇的首要任务就是下厨房，怪不得男性心仪的媳妇标准就是上得了厅堂，下得了厨房，封建女性在家庭的两件大事是伺候丈夫和下厨做饭。

152. 诸妇工作，当聚一处，机杼纺绩①，各尽所长，非但别其勤惰②，且革其私心③。

[注释]

①机杼：织布机。《后汉书·列女传》："此织生自蚕茧，成于机杼。"纺绩：纺纱与织布的总称。

②非但：不仅。勤惰：勤奋懒惰。

③革：除去，革除。

[译文]

各家媳妇劳作，应当聚在一起，织布纺纱，各尽所长，不仅能分辨谁勤快谁懒惰，还能革除其私心。

[评论]

对女性从内心看不起，女人劳作一天，没有谁同情，还以勤快懒惰妄加评判，岂有此理。

153. 主母之尊①，欲使家众悦服，不可使侧室为之②，以乱尊卑。

[注释]

①主母：当家女主人，指家长之妻。
②侧室：偏房，小妾。

[译文]

主母是家族最尊贵的人，如果想让族人心悦诚服，绝对不能让偏房担任主母，乱了尊卑等级。

[评论]

妻就是妻，妾就是妾，正室和偏房在家庭的地位绝对不一样。

154. 每岁畜蚕①，主母分给蚕种于诸妇，使之在房畜饲。待成熟时，却就蚕屋上箔②，须令子弟值宿③，以防风烛④。

所得之茧，当聚一处抽缫⑤。更预先抄写各房所畜多寡之数，照什一之法赏之⑥。

[注释]

①畜蚕：养蚕。

②箔：蚕箔，禾草编制的养蚕用具。

③值宿：值夜班。《明史·郭英传》："郭英，巩昌侯兴弟也。年十八，与兴同事太祖。亲信，令值宿帐中，呼为郭四。"

④风烛：风中之烛，指火烛。

⑤抽缫：抽丝。

⑥什一：古代税法制度，十分税一，称"什一"。

[译文]

每年养蚕时，主母分给各家主妇蚕种，让她们在房间饲养。等到成熟时，都搬到蚕房放到蚕箔上，令子弟轮流值夜班，以防火烛。得到的茧，大家聚在一起抽丝。提前抄写各房养蚕多少，按照什一税法奖励。

[评论]

集体劳动，按劳取酬，进行物质奖励，可以调动大家的积极性。

155. 诸妇每岁所治丝绵之类①，羞服长同主母称量付诸妇②，共成段匹。羞服长复著其铢两于簿③，主母则催督而成之。诸妇能自织造者，羞服长先用什一之法赏之，然后给散于众。

[注释]

①治：生产。

②称量：称重量，过秤。

③铢两：分出轻重，比喻品评。

[译文]

各家主妇每年所生产的蚕丝、木棉等，羞服长和主母共同称过重量后交给各家主妇，让她们织成绸缎和布匹。羞服长再把绸缎布匹的数量记载于簿册上，主母不断催促让她们完成。各家主妇能自己织造的，羞服长用什一之法加以奖赏，然后再把这些东西分给各家。

[评论]

自己动手，丰衣足食，自然经济状态下的生活虽然清苦，但大家无怨，乐于接受这样的生活。

156. 诸妇每岁公堂于九月俵散木棉①，使成布匹。限以次年八月交收，通卖钱物②，以给一岁衣资之用。公堂不许侵使③。或有故意制造不佳及不登数者④，则准给本房。甚者住其衣资不给⑤，病者不拘。有能依期登数者，照什一之法赏之，其事并系羞服长主之。

[注释]

①俵散：散发，分发。

②通卖：全部卖出。钱物：购买货物。钱，古代货币，此处作动词用。

③侵使：侵占挪用。

④登数：登记数量，指按时完成并登记。

⑤住：停止之意。

[译文]

每年公堂于九月分发木棉给各家主妇，让她们织成布匹。期限规定到第二年八月上交，把布匹卖出去买回需要的物品，作为一年的服装费用。公堂不允许侵占挪用。如果有故意做成次品或者没有按时完成的，则按照各家标准抵作本房一年的服装费用。更严重的停发该房服装费用（生病者不在此例），能够按期完成的，依照什一之法奖励，此事由羞服长一并处理。

[评论]

集体生活就是如此，赏勤罚懒是必要的手段。任何单位也应如此。

157. 诸妇育子，苟无大故①，必亲乳之②，不可置乳母，以饥人之子③。

[注释]

①大故：指产妇死亡。

②乳：哺乳。

③饥人之子：让别人的孩子挨饿。

[译文]

各家媳妇生育孩子，如果不是亡故，必须亲自母乳喂养，不允许找乳母，让别人的孩子挨饿。

[评论]

自己的孩子自己养，这样才有母子感情，知道养儿不易。

158. 诸妇育子，不得接受邻俗鸡子彘肩之类①，旧管日周给之②。

[注释]

①鸡子彘肩：鸡子，鸡蛋；彘肩，猪腿。

②旧管：财政用语，为"四柱清册"中之一项，即原存之数目。周给：接济。

[译文]

各家妇女生小孩，不允许接受邻居赠送的鸡蛋、猪腿之类的东西。旧管每日应给予接济供应。

[评论]

谁家生小孩，邻居送鸡蛋之类表示祝贺，有何不可？只允许自己供应接济，小题大做，颇不近人情。

159. 诸妇之于母家①，二亲存日，礼得归宁②。无者不许。其有庆吊势不可已者③，但令人往。

[注释]

①母家：娘家。

②归宁：回家省亲。多指已嫁女子回娘家看望父母。

③庆吊：庆贺与吊慰。亦指喜事与丧事。

[译文]

各家媳妇如果想回娘家，父母健在的，按照礼节应该回去看望父母。父母不在的，不许回去。如果有红白喜事情不得已，可派人前往。

[评论]

古代女人出嫁后就不是娘家人，只有父母健在的，才允许回去探望,父母不在的,连回去的权利也没有,太过残忍。

160. 诸妇亲姻颇多①,除本房至亲与相见外②,余并不许。可相见者亦须子弟引导,方入中门,见灯不许。违者会众罚其夫。

[注释]

①亲姻:亲戚。

②至亲:最亲近的亲戚。《礼记·三年问》:"至亲以期断。"此指父母。《汉书·孔光传》:"上即位二十五年,无继嗣,至亲有同产弟中山孝王及同产弟子定陶王在。"此指兄弟。

[译文]

各家媳妇亲戚很多,除本房最亲近的人如父母、兄弟、姐妹能与之相见外,其他亲戚一概不许见。可以见面者也必须由本族子弟引导,才可以进入中门,但天黑掌灯不许相见。有违反者族人共同惩罚其丈夫。

[评论]

这是什么道理?嫁出去了,难道亲情也没有了?难道连过去的朋友也必须断绝来往?见个面如此之难,可见封建家规对女性的不公平,对女性权利的漠视。

161. 妇人亲族有为僧道①，不许往来。

[注释]

①亲族：女方娘家同族的人。

[译文]

各房妇女娘家本族有做和尚、道士的，不允许和他们来往。

[评论]

荒谬，做了和尚、道士，难道就得割断联系？

162. 朔望后一日，令诸生聚揖之时①，直说《古列女传》②，使诸妇听之。

[注释]

①聚揖之时：聚集会揖的时候。

②直说：如实说。《古列女传》：西汉刘向编写的记载了105位妇女故事的书籍。

[译文]

每月初一、十五的次日，在家族诸孙聚集会揖时，如实解说《古列女传》记载的烈女故事，令所有的妇女倾听，接受教育。

[评论]

对待女性，除了家规，还要时不时用古代烈女的故事教育她们，难道也让她们成为贞妇烈女？

163. 世人生女，往往多致淹没①。纵曰女子难嫁，荆钗布裙有何不可②？诸妇违者议罚。

[注释]

①淹没：溺死。

②荆钗布裙：荆枝作钗，粗布为裙。形容妇女装束朴素。南朝宋虞通之《为江敩让尚公主表》："年近将冠，皆已有室，荆钗布裙，足得成礼。"

[译文]

世人生育女儿，往往不少生下来就将婴儿溺毙。即便说没有高额的嫁妆女孩难以出嫁，难道用荆钗布裙做嫁妆不可以吗？家族妇女胆敢违抗者，商议惩罚。

[评论]

人们为什么要将刚生下来的女孩沉入水盆中淹死，还不是高额的嫁妆迫使人们这样做？拿不出高额的嫁妆，会被人嘲笑，与其被人嘲笑，不如溺死女儿。都是彩礼惹的祸。

164. 女子年及八岁者，不许随母到外家①。余虽至亲之家②，亦不许往，违者重罚其母。

[注释]

①外家：女子出嫁后称娘家为"外家"。

②至亲：关系最亲近的亲属。

[译文]

女孩到八岁，不许随母亲到外祖母家。其他的即便是最亲近的亲戚家，也不许去，违反者重罚她的母亲。

[评论]

这是什么道理？女孩到了八岁，就不许去外祖母家，更不许串亲戚，简直剥夺别人对孩子的爱，不可思议，无故制造了多少人间缺失的爱和被爱的遗憾。

165. 少母但可受自己子妇跪拜①，其余子弟不过长揖。诸妇并同。有违者，监视议罚。死后忌日亦同。

[注释]

①少母：庶母，不是亲生母亲，父亲的小妾。

[译文]

庶母只能接受自己生的儿子和儿媳妇的跪拜，其他子弟不过只是深深作揖。家族妇女都是如此。有违反者，由监视讨论处罚。（死后祭日也是如此。）

[评论]

这就是正室和偏房的区别，目的是不能乱了尊卑次序。难怪世俗说：后母难当。连晚辈对自己的态度也有三六九等，很不公平。

166. 男女不共圊溷①，不共湢浴②，以谨其嫌。春冬则十日一浴，夏秋不拘。

[注释]

①圊溷（qīng hùn）：厕所。
②湢（bì）浴：洗浴室。

[译文]

男女不能共用一间厕所，不得同浴室洗澡，以避男女授受不亲的嫌疑。春、冬季每十日洗一次，夏、秋不受限制。

[评论]

男女不共用厕所，不共用澡堂，这在大家族可以做到，一般的老百姓家如何做到？不能因为严防男女之别，一户人家要修两间厕所、两间澡堂。可笑。

167. 男女不亲授受，礼之常也。诸妇不得用刀镊工剃面①。

[注释]

①刀镊工：除毛发的工具，亦借指理发整容，现称理发师。宋黄庭坚《陈留市隐并序》："陈留市上有刀镊工，年四十余，无室家子姓，惟一女，年七岁矣。日以刀镊所得钱，与女子醉饱，则簪花吹长笛，肩女而归。"刀镊，刀与镊子。剃面：刮脸。

[译文]

男女必须避免直接身体接触，这是礼仪的最基本要求。家族妇女不得请理发师来修面。

[评论]

男女授受不亲，正常的男女交往更不行。女人在出嫁前，只能深藏闺阁，没有一点自由，更没有交际的可能，典型的禁锢女性的做法。

168. 庄妇类多无识之人①，最能翻斗是非②。若非高明③，鲜有不遭聋瞽④，切不可纵其来往。岁时展贺⑤，亦不可令入房闼。

[注释]

①庄妇：村庄妇女，指村妇。无识：没有见识。

②翻斗是非：搬弄是非。

③高明：聪明，有智慧。

④聋瞽（lóng gǔ）：聋盲，指受蒙蔽。

⑤展贺：节日庆贺。

[译文]

村妇很多都是一些没有见识的人，最拿手的是搬弄是非。如果不是非常聪明有辨别能力的话，很少有不被她们所蒙蔽的，千万不可和她们纵情往来。即便是每年的重大节日庆贺活动，也不能让她们进入房间。

[评论]

骨子里看不起农村妇女，难道大户人家的妇女就高人一等吗？鄙视下层人民，大概是过去身份高贵人家的通病吧。不要带着有色眼镜看人。